# TierfreiSchnauze

# Weihnachtswunder & Sternenstaub

## Süßer die Töpfe nie klingen ...

Vegane Rezepte für den TM31 und TM5

Bibliografische Information der Deutschen Nationalbibliothek.
Die Deutsche Nationalbibliothek verzeichnet diese Publikation in der Deutschen
Nationalbibliografie; detaillierte bibliografische Daten sind im Internet über
www.dnb.de abrufbar.

©2017

Herstellung und Verlag: BoD – Books on Demand, Norderstedt

ISBN: 9783744894937

Liebe Leserinnen und Leser,

wenn dieses Buch vor euch auf dem Tisch liegt, liebt ihr die Weihnachtsstimmung ebenso wie wir.
Die tiefe Sehnsucht nach Verbundenheit, Ruhe, Geborgenheit, Frieden, Freude, lachenden Kinderaugen und glücklichen Momenten in dieser Zeit, wollen wir euch versüßen mit unseren Rezepten für die Weihnachtszeit.
Das Fest mit lieben Menschen gemeinsam zu feiern, Zeit füreinander zu haben bei einem adventlichen Kaffee oder einem gemeinsamen Essen und das dann noch vegan –
was gibt es Schöneres?

Wir haben für euch weihnachtliche Gewürzmischungen sowie Nougat und Marzipan, leckere Kuchen und Torten für die Festtage, jede Menge Plätzchen, traditionelle sowie auch komplett neue Rezepte, Lebkuchen, Stollen und Früchtebrote kreiert. Unter anderem findet ihr Rezepte fürs Weihnachtsfrühstück, Salate und Vorspeisen für festliche Menüs, Hauptgerichte und Beilagen, winterliche Desserts und Getränke sowie Punsch,
Bowle und Weihnachtscappuccino ….

Und: Wie ihr es von uns gewohnt seid, gelingen unsere 100 Prozent pflanzlichen Rezepte mit und ohne TM31 oder TM5. Auch andere Hochleistungsmixer oder Küchenmaschinen helfen euch dabei unsere leckeren Rezepte umzusetzen und überraschend tolle Köstlichkeiten auf den Weihnachtstisch zu zaubern.


Wir wünschen euch gutes Gelingen mit

*Weihnachtswunder & Sternenstaub.*

Petra Canan & Heidi Terpoorten

## Gewürze, Nougat & Marzipan

| | |
|---|---|
| Spekulatiusgewürz | 15 |
| Weihnachtsgewürz/Lebkuchengewürz | 15 |
| Marzipan | 16 |
| Nougat | 16 |
| Bratapfelgewürz | 17 |
| Tonkazucker | 17 |

## Kuchen & Torten

| | |
|---|---|
| Linzer Torte | 19 |
| Weihnachtskuchen | 20 |
| Bratapfelkuchen | 21 |
| Traum-Wellen | 22-23 |
| Schneebälle | 24 |
| X-mas Cheesecake mit Granatapfel | 26 |
| Florentiner Himbeertorte | 28-29 |
| Spekulatius-Orangen-Torte – ohne backen | 31 |
| Dattel-Cranberry-Torte – glutenfrei, zuckerfrei | 32-33 |

## Plätzchen & Lebkuchen

| | |
|---|---|
| Ausstecherle | 35 |
| Vollkorn-Hanf-Nougat-Kringel | 36 |
| Vollkorn-Chia-Bananen-Softies | 37 |
| Vollkorn-Sesam-Cranberry-Bergle | 38 |
| Gebrannte Pinientaler | 39 |
| Matcha-Kipfla | 40 |
| Bratapfel-Softies | 41 |
| Doppelte Walnussherzen | 43 |
| Florentiner | 44 |
| Zimtstern küsst Kokoshäufchen | 46-47 |
| Jojo-Kekse | 48 |
| Cantuccini à la Geli | 49 |
| Traumstücke | 51 |
| Maroni-Orangen-Stückle | 52 |
| Schwarz-Weiß-Gebäck mal anders | 53 |
| Dattelsandwich | 54 |
| Marzipanstäubchen | 56 |
| Spritzgebäck | 57 |
| Zipfelmützchen | 58 |
| Chia-Nougatbusserl | 60 |
| Terrassenplätzchen/Spitzbuben | 61 |
| Schäumle mit Kicherschnee | 63 |
| Kicher-Makronen | 63 |
| Gefüllte Espresso-Plätzchen | 64 |
| Marmeladenbrötle | 65 |
| Gewürzspekulatius | 67 |
| Gewürzschnitten | 68 |
| Nussecken | 69 |
| Tea Time Cake/Pasty | 70 |
| Baumkuchenspitzen | 72-73 |
| Schokoladenbrot | 74 |
| Inka-Lebkuchen | 75 |
| Glühwein-Lebkuchen | 76 |
| Amaranth-Kartoffel-Lebkuchen | 77 |
| Chia-Lebkuchen zum Ausstechen | 79 |
| Schnelle Lebkuchenschnitten | 80 |

## Stollen & Früchtebrot

| | |
|---|---|
| Fruit & Malt Loaf - englisches Früchtebrot | 83 |
| Apfel-Früchtebrot | 84 |
| Dattel-Schokoladenbrot | 85 |
| Feigen-Marzipan-Stollen ruck-zuck | 87 |
| Knollen-Stollen und Konfekt (TM5) | 88 |
| Vollkornstollen | 89 |

## Pralinen

| | |
|---|---|
| Gebrannte-Sesam-Mandeln | 91 |
| Schokonüsse (Rentierkacke) | 92 |
| Trüffel-Eiskonfekt | 93 |
| Rumbruchkugeln | 93 |
| Beschwipste Cashew-Pralinen | 95 |
| Beschwipste Bratapfel-Pralinen | 96 |

## Frühstück

| | |
|---|---|
| Bratapfel-StreuMix | 98 |
| Punsch-Marmelade | 98 |
| Orangen-Ingwer-Marmelade | 99 |
| Walnuss-Kürbis-Marmelade | 99 |
| Bratapfelmarmelade | 100 |
| Apfel-Zwiebelschmalz | 102 |
| Rühreyer | 103 |
| Sternenstaub-Brötchen | 104 |
| Gesunde Chia-Pancakes | 105 |
| Pfannkuchen (Crepes) | 105 |

## Vorspeisen & Beilagen

| | |
|---|---|
| Orangen-Dattel-Vinaigrette (Salatsoße auf Vorrat) | 108 |
| "Mozzarella" | 109 |
| Salattorte | 110-111 |
| Topinambur-Apfel-Salat | 113 |
| Süßkartoffel-Salat | 114 |
| Orientalischer Petersiliensalat | 116 |
| Dattelröllchen mit Haydarı-Dip | 117 |
| Crunchy Blumenkohl | 118 |
| Gerösteter Rosenkohl | 119 |
| Fruchtiges Rotkraut | 120 |
| Scharfe Erdnusssuppe | 122 |
| Maronensuppe | 123 |
| Kräuter-Tofu-Bällchen in Gemüsebrühe | 124 |

## Hauptgerichte & drumherum

| | |
|---|---|
| Braten-"Rahm"-Soße | 127 |
| Zwiebelsoß' | 128 |
| Orangen-Mohn-Soße | 129 |
| Erdnusssoße | 129 |
| Kartoffelklöße halb halb | 131 |
| Hefebrezenknödel | 132 |
| Kartoffelspiralen-Gratin | 133 |
| Perfekte Spätzle | 134 |
| Grießsterne | 134 |
| Nussbraten in Blätterteig | 136-137 |
| Gemüse-Hackbraten mit Fächerkartoffeln | 138-139 |
| Linsen-Bratenmedaillons | 140 |
| Grünkern-Bratenmedaillons | 141 |

## Desserts

| | |
|---|---|
| Lebkuchen-Tiramisu | 144 |
| Schlesische Mohnklöße – Schichtdessert | 145 |
| Lebkuchen-Chia-Mousse | 146 |
| Weihnachtsgrütze | 147 |
| Bratapfel-Eis | 147 |
| Cantuccini-Pfirsich-Dessert | 148 |
| Bratapfel mit Marzipansoße | 149 |
| Süße Quitten - Ayva Tatlısı | 151 |
| Asure / Noahs Festmahl | 152-153 |
| Süßer Kürbis – Kabak Tatlısı | 154 |

## Getränke

| | |
|---|---|
| Rote-Nasen-Punsch | 157 |
| Eyerpunsch | 157 |
| Orangen-Glühtee | 158 |
| Heiße Granate | 158 |
| Heiße Kirschbowle | 160 |
| Fruchtige Rotwein-Bowle | 160 |
| Cappuccinopulver "Sternenstaub" | 161 |

# TierfreiSchnauze (veganes) Backen – was wichtig ist und mehr ...

Auch beim veganen Backen verwenden wir mit Vorliebe Bioprodukte. Zum einen ist das Ergebnis - unserer Erfahrung nach geschmacklich wirklich besser und zum anderen schonen wir damit die Umwelt und uns selber durch ein Weniger an Pestiziden und durch bodenschonendere Anbaumethoden.

Der wichtigste Punkt überhaupt, damit Teige locker und fluffig werden, ist das Rühren. Gerade bei veganen Teigen doppelt so wichtig. Im Gegensatz zu normalen Rührgeräten, womit Teige oft lange gerührt werden müssen, ist bei Hochleistungsmixern das Gegenteil der Fall. Zuerst wird alles außer Mehl und Stärke gut durchgemixt und dann zum Schluss nur gaaaaanz kurz eingerührt. Wenn ihr das Mehl zu lange einrührt, wird der Kuchen fest und teigig.

**Mehl**
Wir verwenden sehr gerne Dinkelmehl für unsere Bäckerei, da es das ursprünglichere und bekömmlichere Mehl ist. Weil auch Allergiegeplagte Dinkelmehl besser vertragen, bietet sich Dinkel an, vor allem in Bioqualität.
Oftmals mischen wir das Mehl mit einem Anteil Vollkorn, um möglichst vollwertig zu backen. Hier sind, wie bei unseren Rezepten üblich, der jeweiligen Kreativität und individuellen Handhabung keine Grenzen gesetzt.

**Wichtig dabei:**
Vollkornmehle binden 10 bis 20 Prozent mehr Wasser als weiße Mehle, weil sie neben der wasserbindenden Stärke – anders als weiße Mehle – zusätzlich Kleie enthalten, die ebenfalls Wasser bindet, und Vollkornmehl braucht mehr Zucker!

Je feiner ein Vollkornmehl also gemahlen wurde, desto schneller saugt es Flüssigkeit auf. Teige mit Vollkornmehl müssen daher ein bisschen feuchter sein als solche mit weißen Mehlen. Zudem sollten sie ein wenig ruhen, bis sie die perfekte Backkonsistenz erreicht haben.

Sollte der Teig – egal aus welchem Mehl – zu feucht geraten sein, einfach vor oder nach dem Ruhen noch etwas Mehl hinzugeben.
Und wenn der Teig zu trocken, fest oder krümelig ist, noch etwas Flüssigkeit unterrühren oder verkneten.

Wenn wir in den Rezepten nur **Mehl** angegeben haben, gehen wir von einem des **Types 405, 550 (helles Weizenmehl) oder 630 (helles Dinkelmehl)** aus, da dies das handelsübliche ist.
Verwenden wir beispielsweise andere Typen oder Vollkorn, ist es extra angegeben.
Dinkelmehl könnt ihr meistens mit Weizenmehl austauschen und andersherum ...

**Lupinenmehl** aus Süßlupinen verwenden wir sehr gerne als Eigelb-Ersatz (Geschmack und Farbe). **Süßlupinenmehl bekommt ihr in Reformhäusern, Bioläden (evtl. danach fragen) oder online (z.B. unter www.alles-vegetarisch.de).**

### Kekse/Plätzchen formen, ausstechen, backen
Bitte mit möglichst wenig zusätzlichem Mehl formen und ausrollen. Sonst werden die Teige zu trocken!
Zwischen zwei Lagen Backpapier lassen sich vor allem feuchte Teige ohne Mehl und ohne Festkleben ausrollen.
In kleinen Portionen ausstechen und backen, Restteig wieder in den Kühlschrank stellen.
Ungebackenes Gebäck nie auf ein noch heißes Backblech legen.
Manchmal lohnt es sich, Probekekse zu backen und gegebenenfalls die Teigbeschaffenheit zu verändern durch erneute Hinzugabe von gemahlenen Mandeln, Nüssen oder Mehl.
Beim Backen ist zu beachten, dass Kekse oftmals sehr schnell fertig sind. Je nach Backofen kann die Zeit sehr variieren, daher bitte eher auf die Farbe der Kekse achten als auf die angegebene Backzeit.
Fertig gebackene Kekse vorsichtig mit einer Teigkarte vom Backblech nehmen und auf Kuchengitter (falls im Rezept nicht anders angegeben) abkühlen lassen. Nicht aufeinanderlegen, bevor das Gebäck vollständig abgekühlt ist.

### Aufbewahren
Das Gebäck erst in Blechdosen aufbewahren. Auch Behälter aus Glas oder Holz bieten sich an. Wenn es komplett abgekühlt ist und am besten Sorte für Sorte getrennt, dann bleibt der jeweilige Geschmack am besten erhalten.
Wir geben zwischen die einzelnen Schichten eine Lage Backpapier oder Brotpapier.
Falls im Rezept nicht anders angegeben kühl und trocken lagern.

### Ei-Ersatz
Traditionell werden Eier als Bindemittel verwendet, zudem sorgen sie in manchen Teigen für Lockerheit. Als Ersatz verwendet man am besten
**Sojamehl und Wasser:** 1 EL Sojamehl und 2 EL Wasser entsprechen einem Ei.
**Aus Allergiegründen versuchen wir dennoch weitgehendst in unseren Rezepten darauf zu verzichten.**

**Pfeilwurzelstärke/Pfeilwurzelmehl - unser Ei-Ersatz Favorit:** Sie macht Teige viel lockerer, elastischer und verhält sich hier ähnlich wie Eiweiß, daher
**Pfeilwurzelstärke nicht einfach durch anderes austauschen! Sojamehl ist möglich.**
**Pfeilwurzelstärke/Pfeilwurzelmehl bekommt ihr in Reformhäusern, Bioläden (evtl. danach fragen) oder online.**

**Leinsamen:** (150 g, 30 Sek./St. 10) ist schnell selber gemahlen und auf Vorrat hergestellt. Bitte im Kühlschrank aufbewahren, da Leinsamen Omega 3 Fettsäuren enthalten und schnell verderben. In wenig Wasser (5 g/50 ml/5 Min.) gequollen, ebenfalls ein toller Ei-Ersatz (etwa 1 Ei). **Chiasamen** sind hier ähnlich verwendbar.

**Apfelmark/-mus:** 60 bis 80 g pro Ei für etwas feuchtere Kuchen oder Muffins.

**1 kleine oder ½ reife Banane** für 1 Ei, wenn der Bananengeschmack dazu passt. Dann bitte ¼ mehr Backpulver verwenden!

**Lupinenmehl** aus Süßlupinen verwenden wir sehr gerne als Eigelb-Ersatz (Geschmack und Farbe).

Bei einigen Rezepten ist es sehr wichtig, die angegebene Sojamehl-Variante zu benutzen bzw. Sojacuisine oder Sojadrink, Sojajoghurt, da es hier vor allem um das enthaltene Sojalecithin geht. Das bindet Teige hervorragend und ist manchmal einfach kaum ersetzbar. Sojalecithin gibt es auch extra zu kaufen, etwa in Apotheken oder Drogeriemärkten. Es ist ein Abfallprodukt der Ölpressung und dient als wichtiger Emulgator zum Vermischen von Bestandteilen. Daher in manchen Teigen unverzichtbar!
Tipp: Da kaum noch Bestandteile der Sojabohne enthalten sind, wird es oft sehr gut vertragen, auch wenn eine Sojaunverträglichkeit besteht.

### Backpulver
1 Päckle Backpulver (es sind unterschiedliche Größen im Handel) ist laut Packung ausreichend für 500 g Mehl.
1 gehäufter TL entspricht etwa 5 Gramm.

Wir verwenden veganes Weinsteinbackpulver (aus veganer, gelatinefreier Weinproduktion), da es kein Phosphat enthält, dadurch milder ist im Geschmack und nicht auf der Zunge prickelt.

### Hefe
Teige mit frischer Hefe gelingen oft besser als jene mit Trockenhefe. Dunklere Hefe hat einen intensiveren Geschmack (nicht unbedingt positiv) als hellere.
Trockenhefe lässt sich viel länger aufbewahren als frische Hefe.
Frische Hefe lässt sich problemlos einfrieren.
1 Hefewürfel hat 42 g und reicht für 1 kg Mehl. 1 Tüte Trockenhefe genügt meistens für 500 g Mehl.

## Zucker/Sirup

Wir verwenden in unseren Rezepten häufig Rohrohrzucker, der aus Zuckerrohr gewonnen wird. Gebleichte, helle Rohrohrzuckerarten sind nicht immer vegan, da sie mithilfe von Tierkohle entfärbt werden! Hier ist also Vorsicht geboten.
Raffinierter Haushaltszucker ist nach Herstellerangaben vegan.
Birkenrindenzucker/Xylit/Xucker kann eins zu eins mit den angegebenen Mengen Rohrohrzucker oder Haushaltszucker getauscht werden.
Kokosblütenzucker verhält sich beim Backen vorwiegend nur in Verbindung mit Schokolade positiv! Daher aufpassen bei der Verwendung zum Backen!

Generell backen wir gerne mit Vollrohrzucker. Bei hellen Massen passt er aber farblich oft nicht, wobei wir dann auf hellen Rohrohrzucker ausweichen. Haushaltszucker ist ebenso möglich.

Den angegebenen Sirup in unseren Rezepten (Agavendicksaft, Apfeldicksaft, Kokosblütensirup etc.) könnt ihr notfalls gerne austauschen. Achtet nur bitte darauf, dass Sirups eine unterschiedliche Süßkraft und Konsistenz haben.

**Pflanzendrink oder Pflanzencuisine** ist nicht nur Milch- oder Sahneersatz, sondern auch köstlich und gesund.
Zum Backen sind grundsätzlich alle erhältlichen Pflanzendrinks/Cuisines möglich.
Bei Reisdrinks ist Vorsicht geboten, klappt nicht immer mit gutem Ergebnis.
Am liebsten verwenden wir Mandel-/Nussdrinks oder Sojadrinks.

## Gelieren

Anstatt Gelatine verwenden wir reines **Agar Agar** (Reformhaus)! Aufpassen, da dies immer aufgekocht werden muss, sonst geliert es nicht. Nicht verwechseln mit Agartine, Agaranta etc. (enthält Stärke) – hier Gebrauchsanweisung beachten.

## Schokolade

Vegane Schokolade wird inzwischen fast überall angeboten, auch zartbitter ist oft schon vegan. Bitte darauf achten, dass Kakao und Schokolade aus fairem Anbau stammen, da hier ausschließlich Erwachsene arbeiten.

## Schlagcreme

Für Torten etc.

Das beste Ergebnis haben wir mit der Schlagcreme von Schlagfix, die gibt es in zwei Fettstufen. Je höher die Fettstufe, umso besser für Torten etc. Im veganen Versandhandel oder in veganen Supermärkten gibt es 1-Liter-Tetrapacks, das ist die „fetteste" Variante. Sonst gibt es oftmals die handelsüblichen
200-g-Tetrapackungen zu kaufen.

Grundsätzlich ist für das Aufschlagen wichtig, dass **die Schlagcreme gut gekühlt ist** und wer unseren Alleskönner verwendet: Das Messer darf nicht defekt sein! Bei uns gelang das Schlagen erst, nachdem wir das Messer erneuert hatten.

Beim Schlagen den Messbecher weglassen und mit Rühraufsatz und Garkörbchen auf dem Deckel auf Stufe 3-4 aufschlagen. Bei hohem Fettgehalt ca. 1-2 Minuten, bei geringerem bis zu 3 Minuten. Für feste Tortencreme 3 bis 4 Päckchen Sahnesteif dazugeben. Kakao etc. gegen Ende zufügen.

Vegane Schlagcreme dickt beim Kühlen nach.

Unsere tolle Schlagcreme zum Selbermixen findet ihr in unserem Backbuch "Backe backe Kuchen" oder auf unserem Blog **www.tierfreischnauze.de.**

## Fette

Öle, besonders neutrale Öle, eignen sich sehr gut zum Backen. Rapsöl/Albaöl wird bspw. aus meist heimischer Rapssaat gepresst und ist reich an ungesättigten Fettsäuren (mit einem hohen Anteil an Omega-3-Fettsäuren). Ein weiterer Vorteil ist, dass nur etwa die Hälfte bis zu Dreiviertel im Vergleich zu veganer Margarine benötigt wird.

Wir verwenden hier oft hocherhitzbares Sonnenblumenöl/Bratöl.

Im Handel gibt es mittlerweile verschiedene Sorten an veganer Margarine. Manche sind härter und manche weicher, was oftmals bei der Teigkonsistenz eine Rolle spielt.

Die besten Backergebnisse mit Margarine erzielen wir mit Alsan Bio. Sie kommt auch dem Buttergeschmack am nächsten.

Aufgrund der Palmölproblematik und der radikalen Abholzung des Regenwalds bemühen wir uns, immer mehr Öle zum Backen zu verwenden. Probiert es aus, es klappt wunderbar.

## Backofen

Jeder Backofen verhält sich beim Backen anders, nur durch Üben und Wiederholen kommt ihr drauf, wie eurer am besten funktioniert und "tickt".
Deshalb nicht verzagen und zur Not Petra und Heidi fragen …
Temperatur- und Zeitangaben können bei euch grundsätzlich variieren. Bitte ausprobieren und anpassen.
Daher ist es wichtig, beim Backen die **Stäbchenprobe** nicht zu vergessen. Hierfür mit einem Holzstäbchen vorsichtig in die Mitte stechen. Bleiben beim Herausziehen Teigreste daran haften, einfach noch ein wenig weiter backen. Dann die Stäbchenprobe wiederholen.
Grundsätzlich werden Kuchen etc. immer im **vorgeheizten Backofen** gebacken und wenn nicht anders angegeben auf mittlerer Schiene.

## Hilfreiches zum Backen generell

**Backformen** unterschiedlichster Arten und **Ausstecher** für Plätzchen:
Wir verwenden Springformen in aller Regel mit dem Durchmesser 24 oder 26 cm, Kastenform ca. 25 cm.
**Backpinsel** dürfen nicht „haaren" und sollten daher von guter Qualität sein.
Wir verwenden gern Silikonbackpinsel.
Zudem hilft **ein kleines Nudelholz/Teigroller** beim Teigbe- und -verarbeiten sehr. Die großen sind für ausgerollte Teige und Blechkuchen natürlich ebenfalls hilfreich.
**Spritzbeutel zum Dekorieren oder Füllen** gibt es ganz unterschiedliche. Zur Not geht's auch mit einem gefüllten Gefrierbeutel: einfach eine Ecke abschneiden und dem Dekorieren steht nichts mehr im Weg.
Ein **Tortenring** gibt Halt beim Belegen oder Schichten von Torten.
Mehrfach zu verwendendes umweltfreundliches **Backpapier, Dauerbackfolien** oder **Silikon-Matten** sind extrem hilfreich.

**Teigkarten oder Spachtel** helfen bei Torten die Form herzustellen und sie zu glätten. Des Weiteren um Plätzchen aufs oder vom Backblech zu transportieren.
Für den Abrieb von Zitrusschalen ist ein **Zestenreißer** oder eine **feinporige Reibe** hilfreich und sollte in keinem Haushalt fehlen.

In unseren Rezepten wurde "getrocknet" mit "getr." abgekürzt, "gerieben" mit "ger.", "gestrichen" mit "gestr." und "gehäuft" mit "geh.".

Je nach Hunger werden ca. 4 Personen von unseren Rezepten satt.

Die mit * markierten Zutaten findet ihr zum Selbermachen in diesem Buch.

Die Rezepte von unserem Kräutersalz, Suppengrundstock, Bratensoßenpaste und Ingwergrundstock findet ihr in Band 1 oder auf unserem Blog **www.tierfreischnauze.de.** Unsere selbst gemachte Schlagcreme, Backtrenncreme und das Feenzauberstreu findet ihr in "Backe backe Kuchen" oder ebenso im Blog.

Erklärung zu der angegebenen Zubereitungszeit:
Die erste Zeit ist die komplette Beschäftigungs- und TM-Zeit (z. B. Obst/Gemüse schneiden und Separates anbraten + TM-Arbeits-/Kochzeit).
Die zweite Zeitangabe ist die zusätzliche Zeit, wie Back-, Einweich- oder Gehzeit.
Unsere Zeitangaben sind Circa-Angaben.

Bei Fragen stehen wir wie immer selbstverständlich gerne zur Verfügung.

Kontakt:
Blog: **www.tierfreischnauze.de**
Facebook: Gruppe: Veggi-Thermohexen / TierfreiSchnauze

Alle Rezeptfotos findet ihr auch auf unserem Blog unter der Kategorie "Bücher".

**Thermomix® ist eine geschützte Marke.** Der Name wird hier nur genannt, da dieses Gerät (TM31 und TM5) bei der Zubereitung dieser Rezepte verwendet wird.
Alle Angaben sind ohne Gewähr.

Größere, harte Zutaten müssen immer in Stücken in den TM gegeben werden, auch wenn es mal nicht im Rezept steht. Gebrauchsanweisung beachten!
Wir versichern, dass alles ausreichend getestet und kontrolliert wurde.

Weihnachtsgewürz S.15 | Bratapfelgewürz S.17 | Spekulatiusgewürz S.15

Tonkazucker S.17

# Gewürze, Nougat & Marzipan

Marzipan S.16 | Nougat S.16

🕒 3 Min.

## *Spekulatiusgewürz*

1 EL Zimt
1 EL getr. Nelken
1 EL Kardamomkapseln
1 TL Piment
1 Sternanis
½ TL Muskatblüte/Macis
½ Vanilleschote

im Mixtopf **30 Sek./St. 10** mahlen.

🕒 5 Min

## *Weihnachtsgewürz / Lebkuchengewürz*

4 ca. 8 cm. lange Zimtstangen
1 EL getr. Nelken
1 EL Koriandersamen
1 EL Kardamomkapseln
1 TL Ingwerpulver
1 TL Anissamen
1 TL Fenchelsamen
½ TL Pimentpulver
1 Msp. Muskat
2 EL braunen Zucker
1 Vanilleschote
getrocknete Schale 1 Bio-Orange
2 ½ EL Milchreis

in den Mixtopf geben und **30 Sek./St. 10** mixen.
Einmal tiiieeefff einatmen ... Wahnsinn, oder?

Die Schale der Orange schälen wir mit dem Sparschäler ab und trocknen sie auf der Heizung oder bei Restwärme im Backofen.
Für Lebkuchen und zum Verfeinern von Plätzchen, Früchtebrot, Kuchen, Stollen, Tee, Punsch, Glühwein, Likör undundund ...

⏱ 15 Min.

# Marzipan

**250 g Rohrohrzucker**

im Mixtopf **1 Min./St. 10** zu Puderzucker pulverisieren. Umfüllen.

**250 g enthäutete Mandeln**

im Mixtopf **1 Min./St. 10** mahlen, evtl. zwischendurch mal runterschieben.

**50 g Amaretto oder Mandelsirup den Puderzucker**

zugeben und **1 Min./St. 10** mithilfe des **Spatels** verkneten.

Alles auf eine Arbeitsplatte schütten, mit den Händen noch mal durchkneten und einen Strang formen. Verpackt kühl lagern.

⏱ 15 Min

# Nougat

**150 g Haselnüsse ohne Haut** in einer Pfanne ohne Fett rösten, bis sie duften. Ca. **3 Min.** abkühlen lassen.

**150 g braunen Zucker**

im Mixtopf **10 Sek./St. 10** pulverisieren.

**150 g vegane zartbittere Schokolade in Stücken**

einwiegen und **10 Sek./St. 10** zerkleinern.

**Geröstete Haselnüsse**

zugeben und **30 Sek./St. 10** mixen, evtl. dazwischen die Masse nach unten schaben.

Die Masse in Silikonförmchen füllen oder alternativ auf Frischhaltefolie streichen und zu einer Rolle formen. Im Kühlschrank fest werden lassen.

Verpackt kühl lagern.

Nougat könnt ihr pur genießen, in Kuchen und Torten weiterverarbeiten oder als Pralinenfüllung verwenden.

www.tierfreischnauze.de

⏱ 10 Min.

## 𝓑𝓻𝓪𝓽𝓪𝓹𝓯𝓮𝓵𝓰𝓮𝔀ü𝓻𝔃

**150 g braunen Zucker** in einer beschichteten Pfanne auf dem Herd anschmelzen lassen, aber nicht komplett. Wenn es anfängt zu schmelzen: Herd ausschalten und ein bisschen weiterrühren. Die Zuckermasse sollte bis zur Hälfte geschmolzen sein.

Anschließend am besten auf Backfolie schütten und auskühlen lassen, bis sie hart ist. Dann in den Mixtopf geben.

**3 getr. Nelken**
**5 Kardamomkapseln**
**1 ca. 5 cm lange Vanilleschote**
**10 g Zimtstangen**
**1 Prise Muskat**
**10 Körnle Anissamen**
**30 g Speisestärke**

dazugeben und **1 Min./St. 10** pulverisieren.

Bratäpfel vor dem Backen damit bestreuen, oder aber auch lecker in Apfelkuchen und Desserts.

Die Stärke ist übrigens nötig, damit das Pulver nicht zusammenklebt.

⏱ 2 Min

## 𝓣𝓸𝓷𝓴𝓪𝔃𝓾𝓬𝓴𝓮𝓻

**1 Tonkabohne**
**150 g Vollrohrzucker**

im Mixtopf **1 Min./St. 10** pulverisieren.

**50 g Vollrohrzucker**

dazugeben. **5 Sek./St. 3** unterrühren.

Tonkazucker könnt ihr überall anstelle von Vanillezucker verwenden.
Wir lieben dieses Aroma sehr …

Das Rezept für unseren Vanillezucker findet ihr in Band 1 oder in "Backe backe Kuchen".

# Kuchen & Torten

Linzer Torte

30 Min.   1 Std.

# Linzer Torte

**125 g Haselnüsse**

im Mixtopf **8 Sek./St. 10** zerkleinern.

**125 g Rohrohrzucker**
**½ TL Zimt**
**½ TL Weihnachtsgewürz***
**80 g Soja- oder Mandelcuisine**
**90 g neutrales Öl**
**1 Prise Salz**

zugeben und **20 Sek./St. 3** vermischen.
Mit dem Spatel alles vom Rand nach unten schieben.

**200 g Mehl**
**10 g Weinsteinbackpulver**

einwiegen. **20 Sek./St. 4** mithilfe des Spatels verrühren. Sollte der Teig noch kleben, etwas mehr Mehl zufügen.

Den Teig eingepackt für ca. **30 Min.** in den Kühlschrank legen.

Die Hälfte des Teiges in eine gefettete runde Kuchenform drücken (keinen Rand hochziehen). Darauf
**ca. 150 g säuerliche Marmelade**, z. B. von Johannisbeeren, streichen.

Die andere Teighälfte auf bemehlter Arbeitsfläche etwa in der Größe der Backform ausrollen und mit einem Teigrädchen schmale Streifen schneiden.
Diese gitterartig auf den Marmeladenboden legen. Dem Anlass entsprechend könnt ihr auch aus dem Teig z. B. Sterne ausstechen und damit den Kuchen verzieren.

Im vorgeheizten Backofen **bei 180°** Ober-/Unterhitze **ca. 25-30 Min.** backen.

Anstatt der Haselnüsse können auch Mandeln verwendet werden.

*Herzlichen Dank an Gabriele für dieses tolle Rezept!*

30 Min.   45 Min.

# Weihnachtskuchen

200 g vegane Margarine in Stücken
130 g Vollrohrzucker
1 EL Vanillezucker
1 Prise Salz
350 g Mehl
ca. 55 g Wasser

in den Mixtopf geben und **20 Sek./St. 6** zu Mürbteig rühren. Umfüllen und abdecken.

250 g Walnüsse

**7 Sek./St. 8** zerkleinern und umfüllen.

100 g Mandeln
150 g Datteln, entsteint
100 g Marmelade nach Wahl
1 TL Weihnachtsgewürz*
160 g Wasser

in den Mixtopf geben. **30 Sek./St. 10** mixen. Masse nach unten schaben. Die

Walnüsse

zugeben und **15 Sek./St. 4** einrühren.

2/3 des Teiges in eine Springform drücken, Rand hochziehen und mehrmals mit der Gabel einstechen.
Mit **2 EL Marmelade nach Wahl** bestreichen und die Füllung darauf glatt streichen.
Aus dem restlichen Mürbteig Sterne o. Ä. ausstechen, mit Marmelade bepinseln
und auf den Kuchen legen.

Im vorgeheizten Backofen bei **180°** Umluft **ca. 45 Min.** backen.

Wir empfehlen für diesen Kuchen süße Orangenmarmelade, Hagebuttenmark, Pflaumenmus oder einfach die Marmelade, die weg muss …

30 Min.  9 Std.

# Bratapfelkuchen

200 g Mehl
130 g vegane Margarine in Stücken
75 g Vollrohrzucker
1 EL Vanillezucker
1 TL Weinsteinbackpulver

im Mixtopf **40 Sek./St.6** zu einem Mürbteig verrühren. Sollte der Teig noch zu krümelig sein, einen Schluck Wasser zufügen.

Den Teig in eine gefettete Springform drücken und einen Rand hochziehen. Mehrmals mit der Gabel in den Teig stechen.

**Ca. 8 kleine geschälte Äpfel (oder 4 große quer halbiert), Kerngehäuse ausgestochen**, auf den Boden legen.
**1 ½ EL Bratapfelgewürz***
darüber streuen.

**Füllung:**
80 g gemischte Trockenfrüchte nach Wahl oder nur Rosinen
Saft ½ Orange oder 1 EL Rum
30 g Haselnüsse
½ TL Zimt

in den Mixtopf geben und **20 Sek./St. 7** zerkleinern.

Die Fruchtmasse in die Äpfel füllen.
**Creme:**
300 g Wasser
70 g Haselnüsse
100 g Speisestärke
½ TL ger. Bio-Orangenschale
75 g Rohrohrzucker
Mark 1 Vanilleschote

im Mixtopf **1 Min./St. 10** mixen.

500 g Soja- oder Lupinenjoghurt

zugeben und **10 Sek./St. 4** einrühren.

Die Creme vorsichtig über die Äpfel gießen. Im vorgeheizten Backofen bei **180° Ober-/Unterhitze ca. 60 Min.** backen. Am besten über Nacht abkühlen lassen.
Vor dem Servieren mit Puderzucker bestäuben.

www.tierfreischnauze.de

45 Min.   9 Std.

# Traum-Wellen

"Butter"-Creme:
750 g Soja- oder Mandeldrink
100 g Rohrohrzucker
60 g Speisestärke (Maisstärke)
Mark 1 Vanilleschote

im Mixtopf **7,5 Min./100°/St. 3** zu Pudding kochen.
Sollte die Masse noch nicht richtig gebunden sein,
Kochzeit verlängern.

Den Pudding umfüllen und komplett abkühlen lassen (Zimmertemperatur). Zwischendurch umrühren, damit sich keine Haut bildet.

**340 g vegane Margarine in Stücken, zimmerwarm**

einwiegen und auf **St. 3** cremig rühren.

Löffelweise den Vanillepudding durch die Deckelöffnung unter Rühren zugeben.
Zum Schluss ca. **30 Sek./St. 4** cremig mixen.
"Butter"-Creme umfüllen, zur Seite stellen.

Teig:
50 g Mandeln
150 g Wasser

im Mixtopf **1 Min./St. 10** mixen.

200 g sprudeliges Mineralwasser
140 g neutrales Öl
190 g Rohrohrzucker
1 EL Vanillezucker
1 EL frischen Zitronensaft
1 ½ Päckle Weinsteinbackpulver
1 TL Natron
1 Prise Salz

zugeben und **40 Sek./St. 6** vermischen.

350 g Mehl
60 g Kartoffelstärke
1 EL Pfeilwurzelstärke

mit **Rühraufsatz 6 Sek./St. 4** einrühren.
Falls notwendig, vom Rand lösen und
noch mal **2 Sek./St. 4** verrühren.

www.tierfreischnauze.de

Die Hälfte des Teiges auf ein mit Backtrenncreme eingestrichenes, gefettetes oder mit Backpapier ausgelegtes Backblech streichen.

**75 g vegane Nuss-Schokocreme (Brotaufstrich)**
**½ TL Zimt**

zum übrigen Teig geben und mit
**Rühraufsatz 4 Sek./St. 4** vermischen.

Den dunklen Teig auf den hellen Teig streichen und mit einer Gabel Wellen in den Teig ziehen. Im vorgeheizten Backofen bei **180°** Ober-/Unterhitze **ca. 30 Min.** backen. Stäbchenprobe!

**Belag:**
**1000 g Äpfel mit Schale, geviertelt**
**130 g Marzipan\***
**40 g frischen Zitronensaft**
**130 g Rohrohrzucker**

im Mixtopf **10 Sek./St. 5** mithilfe des Spatels zerkleinern.

**700 g Apfelsaft oder veganen Weißwein**
**Mark 1 Vanilleschote oder 1 Msp. ger. Tonkabohne**
**1 TL Zimt**
**90 g Speisestärke (Maisstärke)**

zugeben. **5 Sek./Linkslauf/St. 3** vermischen und **10 Min./100°/Linkslauf/St. 1** zu dickem Pudding kochen.

Den Apfel-Pudding kurz abkühlen lassen. 2/3 auf dem Boden verteilen. Auf den abgekühlten Apfel-Pudding die "Butter"-Creme streichen. Den restl. Apfel-Pudding auf der "Butter"-Creme verteilen. Mit

**Mandelblättchen und Zimt**

garnieren. Am besten über Nacht ziehen lassen.

Als Topping-Soße empfehlen wir unseren **Eyerlikör** von Band 2 oder von unserem Blog www.tierfreischnauze.de.

⏱ 45 Min.   ⏱ 12 Std.

# *Schneebälle*

400 g kalte pflanzl. Schlagcreme
2 EL Vanillezucker
2 Päckle Sahnesteif

in den Mixtopf geben und mit **Rühraufsatz St. 4 ohne Messbecher** steif schlagen. Gareinsatz als Spritzschutz auf den Deckel stellen.

400 g Mandel- oder Sojaquark
140 g Ananas in Stücken
3 EL Kokosflocken
100 g Amaretto oder Bittermandelsirup
Kokosblütensirup nach Geschmack

zugeben und **25 Sek./St. 4 mithilfe des Spatels** mixen. Creme abschmecken, umfüllen und kalt stellen.

300 g Mehl
250 g Vollrohrzucker
160 g Kartoffelstärke
2 EL Vanillezucker
100 g neutrales Öl (Raps oder Sonnenblume)
500 g sprudeliges Mineralwasser
1 Prise Salz
1 EL frischen Zitronensaft
1 Päckle Weinsteinbackpulver
2 TL Natron

im Mixtopf **15 Sek./St. 5** verrühren.

Den Teig auf ein mit Backpapier ausgelegtes Backblech streichen und im vorgeheizten Backofen bei **180°** Umluft **20-25 Min.** backen.

Auskühlen lassen, in kleine Stücke reißen und in eine große Schüssel füllen.
Mit der Qvarkcreme vermischen.
Am besten geht das mit den Händen, wie bei den Semmelknödeln.
Im Kühlschrank ca. **2 Std.** ziehen lassen.

Aus der Masse Knödel formen (ist ziemlich matschig, aber das gehört so) und in
**reichlich Kokosflocken (ca. 150 g)** wälzen. Gibt ca. 18 Stück.
Gut durchkühlen, am besten über Nacht.

www.tierfreischnauze.de

*Weihnachtskuchen S.20*

*Bratapfelkuchen S.21*

*Traum-Wellen S.22*

*Schneebälle S.24*

35 Min.   7 Std.

# X-mas Cheesecake mit Granatapfel

**Kicherschnee backfest:**
135 g Kichererbsenabtropfwasser (Glas, Dose)
1 ½ TL frischen Zitronensaft
20 g Speisestärke
15 g Kartoffelstärke
½ TL Guarkernmehl
½ TL Johannisbrotkernmehl          im Mixtopf **mit Rühraufsatz 5 Min./St. 4 ohne Messbecher** aufschlagen. Gareinsatz als Spritzschutz auf den Deckel stellen. Umfüllen!

**Boden:**
350 g zerbrochene Spekulatius*     in den Mixtopf geben und **15 Sek./St. 7** zerkleinern.
140 g weiche vegane Margarine in Stücken
1 EL Kakao                         zugeben und **15 Sek./St. 5** vermischen.
                                   Es sollte eine Art Mürbteig entstanden sein.

Den Spekulatiusteig in eine gefettete Springform füllen und am Boden festdrücken.

**Creme:**
800 g Sojaquark (z. B. Alpro go on) ersatzweise Mandelquark
100 g neutrales Öl
50 g Speisestärke
150 g Rohrohrzucker
1 EL Vanillezucker
1 EL Lupinenmehl oder Pfeilwurzelstärke
½ TL ger. Bio-Zitronenschale
1 EL frischen Zitronensaft         im Mixtopf mit **Rühraufsatz 25 Sek./St. 4** verrühren.

**Kicherschnee**
                                   zugeben und mit **Rühraufsatz 15 Sek./St. 4** einrühren.

Die Creme auf den Boden geben und im vorgeheizten Backofen bei
**180° Ober-/Unterhitze ca. 45 Min.** backen. Im Ofen auskühlen lassen und
mind. **5 Std.** kühlen. Mit
**vielen Granatapfelkernen** bestreuen.

Wie ihr einen Granatapfel schnell entkernt, seht ihr auf unserem Blog.

X-mas Cheesecake mit Granatapfel

⏱ 1 ½ Std.   ⏱ 5 Std.

# Florentiner Himbeertorte

**Riesen-Florentiner:**
**Florentinermasse** von **Seite 44** herstellen. Die Masse in eine mit Backfolie belegte Springform füllen, glatt streichen und bei **200°** Ober-/Unterhitze **ca. 17 Min.** backen,
bis sie schön gebräunt ist. Etwas abkühlen lassen, wenn sie anfängt fest zu werden, mit einem Messer vom Springformrand lösen und den Springformrand entfernen (wenn die Masse zu hart wird, ist dies ohne nochmaliges Erhitzen nicht mehr möglich). Solange der Riesen-Florentiner noch nicht ganz hart ist, in 12 Tortenstücke schneiden.
An einem kühlen Ort vollständig fest werden lassen.
Die Unterseite der Florentiner-Stücke mit
**100 g geschmolzener veganer zartbitterer Schokolade** bepinseln, an einem kühlen Ort abkühlen.

**Mandel-Amaretto-Biskuit:**
80 g Mandeln

im Mixtopf **10 Sek./St. 10** zerkleinern.

180 g Vollrohrzucker
250 g sprudeliges Mineralwasser
60 g Amaretto
15 g neutrales Öl (Raps oder Sonnenblume)
1 Päckle Weinsteinbackpulver
1 EL Pfeilwurzelstärke
1 TL Vanillezucker
5 g Kakao
½ TL Natron
30 g Kakao
240 g Mehl

zugeben und mit **Rühraufsatz 15 Sek./St. 3** verrühren.

In eine mit Backtrenncreme eingestrichene oder gefettete Springform füllen und im vorgeheizten Backofen bei **180°** Ober-/Unterhitze **ca. 25 Min.** backen. Stäbchenprobe nicht vergessen.
Den ausgekühlten Tortenboden mit einem langen Messer vorsichtig quer halbieren.

**Weiße Schoko-Schlagcreme:**
**500 g kalte, gesüßte pflanzl. Schlagcreme** (am besten ist die Schlagfix von LeHa, solltet ihr ungesüßte verwenden, dementsprechend Zucker nach Geschmack zufügen, ca. 3 EL).
**2 Päckle Sahnesteif**

   in den sauberen Mixtopf geben und mit **Rühraufsatz St. 4 ohne Messbecher** steif schlagen. Garkörbchen als Spritzschutz auf den Deckel stellen. Umfüllen.

**60 g vegane weiße Schokolade in Stücken**

   im Mixtopf **8 Sek./St. 8** zerkleinern.

**Die Hälfte der Schlagcreme**

   zufügen und mit Rühraufsatz **6 Sek./St. 4** verrühren.

Die weiße Schoko-Schlagcreme auf den unteren Boden streichen.

**Himbeer-Chia-Mus:**
**250 g Himbeeren (oder andere Früchte nach Wahl)**
**30 g Chiasamen**
**ca. 50 g Agavencreme oder anderen Sirup**

   im Mixtopf **7 Sek./St. 5** vermischen.

Das Himbeer-Chia-Mus auf der weißen Schoko-Schlagcreme vorsichtig verteilen.

**1 Handvoll vegane Schokodrops** darüber streuen.

**Ca. 20 Min.** quellen lassen, danach den 2. Boden auflegen (mit der geraden Seite nach oben, also quasi verkehrt herum).

**Himbeer-Schlagcreme:**
**30 g Himbeeren (oder andere Früchte nach Wahl)**
**restl. Schlagcreme**

   im Mixtopf mit **Rühraufsatz 10 Sek./St. 4** verrühren.

Die Himbeer-Schlagcreme auf den 2. Boden streichen. Die Riesen-Florentiner-Stücke leicht überlappend auf die Himbeer-Schlagcreme setzen.
Gut durchkühlen lassen … Hammergeniale Torte – oder???

*Florentiner-Himbeer Torte S.28*

*Spekulatius-Orangen Torte S.31*

# Spekulatius-Orangen-Torte – ohne backen

⏱ 45 Min.  ⏲ 3 Std.

**Creme:**
**400 g kalte pflanzl. Schlagcreme**
**3 EL Vanillezucker**
**2 Päckle Sahnesteif**

in den Mixtopf geben und mit **Rühraufsatz St. 4 ohne Messbecher** steif schlagen. Garkörbchen als Spritzschutz auf den Deckel stellen.

**100 g zerbrochene Spekulatius***
**1 ½ TL Spekulatiusgewürz***

zugeben und mit **Rühraufsatz 40 Sek./St. 4** verrühren.

**180 g Orangenfilets (ohne Haut)**

**10 Sek./St. 4** einrühren. Umfüllen und kalt stellen.

**Boden:**
**100 g weiche vegane Margarine in Stücken**
**300 g zerbrochene Spekulatius***
**1 EL Orangen-Ingwer-Marmelade***

im Mixtopf **30 Sek./St. 5** mixen. Evtl. zwischendurch mal nach unten schieben.

Den Teig mit feuchten Händen in eine leicht geölte Springform drücken, die Orangen-Sahne darauf verteilen und glatt streichen. Mixtopf ausspülen.

**3 Orangen** schälen, in Scheiben schneiden und auf der Creme verteilen.

**Guss:**
**250 g frischen Orangensaft**
**2 EL Rohrohrzucker**
**20 g Speisestärke**

in den sauberen Mixtopf geben und **5 Min./100°/St. 2,5** kochen.

Den Guss über die Orangen verteilen. Die Torte ca. **3 Std.** durchkühlen lassen. Nach Lust und Laune dekorieren.

# Dattel-Cranberry-Torte – glutenfrei, zuckerfrei

⏱ 45 Min.   ⏱ 3 Std.

**Creme:**
400 g kalte pflanzl. Schlagcreme
2 Päckle Sahnesteif

in den Mixtopf geben und mit **Rühraufsatz St. 4 ohne Messbecher** steif schlagen. Garkörbchen als Spritzschutz auf den Deckel stellen. Umfüllen.

150 g weiche, entsteinte Datteln
50 g getr. Cranberrys
40 g frischen Orangensaft
1 TL Zimt
2 EL Kokosblütensirup

im Mixtopf **5 Sek./St. 6** zerkleinern.

Geschlagene Schlagcreme

zugeben und mit **Rühraufsatz 10 Sek./St. 4** verrühren. Creme umfüllen und kalt stellen.

**Boden:**
250 g gemischte Trockenfrüchte nach Wahl (Rosinen, Aprikosen, Feigen …)
200 g Cashews Natur

im Mixtopf **20 Sek./St. 7** zerkleinern.

100 g neutrales Öl (Raps oder Sonnenblume)
2 EL Pfeilwurzelstärke
100 g Banane in Stücken
1 EL frischen Zitronensaft
1 Päckle Weinsteinbackpulver
1 TL Natron
1 Prise Salz

zugeben und **15 Sek./St. 5** verrühren.

Den Teig in eine gefettete Springform füllen und im vorgeheizten Backofen bei **175°** Ober-/Unterhitze **ca. 30 Min.** backen (Stäbchenprobe). Auskühlen lassen.

**2-3 Bananen in Scheiben** mit
**1 EL frischem Zitronensaft**
vermischen und auf dem ausgekühlten Boden verteilen.
Springform- oder Tortenring anbringen.

Die Dattel-Cranberry-Creme über den Bananen glatt streichen.

Die Torte ca. **1 Std.** durchkühlen lassen.
Nach Lust und Laune dekorieren.

*Austecherle*

## Plätzchen & Lebkuchen

1 Std.   1 Std.

# Ausstecherle

200 g Vollrohrzucker
½ Vanilleschote

im Mixtopf **1 Min./St. 10** pulverisieren.

250 g weiche vegane Margarine in Stücken
1 TL Pfeilwurzelstärke
25 g Wasser

zugeben und **2 Min./St. 5-6** cremig rühren.

500 g Mehl
80 g Haferdrink
1 Prise Salz

einwiegen und mit **St. 6 mithilfe des Spatels** verkneten; so lange, bis sich alle Zutaten vermischt haben und eine Teigkugel entstanden ist.
**Achtung:** Nicht zu lange mixen, sonst wird der Teig zu weich. Mit kräftigen Bewegungen mit dem Spatel mithelfen, evtl. etwas Mehl zufügen.

Wenn der Teig zu weich ist, parkt ihr ihn eingepackt bissle im Kühlschrank/Gefriertruhe, ansonsten könnt ihr gleich loslegen … Ausrollen, ausstechen wie und was ihr wollt. Verzieren nach Herzenslust …

Auf mit Backpapier ausgelegte Backbleche legen und im vorgeheizten Backofen bei **160° Umluft 10-15 Min.** backen. Ergibt ca. 100 Stück.

Der Teig ist die perfekte Ess-Knete …

45 Min.   30 Min.

# Vollkorn-Hanf-Nougat-Kringel

**30 g geschälte Hanfsamen** in einer Pfanne rösten, bis sie duften. Anschließend in den Mixtopf geben.

200 g Dinkelvollkornmehl
100 g weiche vegane Margarine in Stücken
100 g vegane Nuss-Schokocreme (Brotaufstrich)
2 EL Vanillezucker
80 g Mandel-/Nussdrink
1 EL braunen Rum (optional)
1 Prise Salz
½ TL Weinsteinbackpulver

zufügen und **20 Sek./St. 6** mixen.

Den Teig in einen Spritzbeutel mit größerer Tülle füllen und Kringel auf mit Backpapier ausgelegte Backbleche spritzen. Ergibt ca. 30 Stück.

Alternativ können auch mit einem Teelöffel Häufchen aufs Blech gesetzt werden.

Im vorgeheizten Backofen bei **175°** Umluft **10-15 Min.** backen.
Auf dem Blech auskühlen lassen.

Die Kringel zur Hälfte in **vegane, geschmolzene Schokolade** tauchen.

20 Min.  15 Min.

# Vollkorn-Chia-Bananen-Softies

30 g Chiasamen
50 g Wasser
110 g weiche vegane Margarine in Stücken
1 kleine Banane (ca. 100 g)

im Mixtopf **20 Sek./St. 5** rühren.

150 g Dinkelvollkornmehl
80 g Vollrohrzucker
1 EL Vanillezucker
½ TL Zimt
½ TL ger. Bio-Zitronenschale
1 Prise Salz
½ TL Weinsteinbackpulver

zufügen und **20 Sek./St. 4,5** vermengen.

Mit einem Teelöffel Häufchen auf mit Backpapier ausgelegte Backbleche setzen und im vorgeheizten Backofen bei **175°** Umluft **12-15 Min.** backen.
Ergibt ca. 50 Stück.

Frisch genießen und vor Kindern verstecken, sonst sind sie zu schnell weg ...

# Vollkorn-Sesam-Cranberry-Bergle

45 Min.   30 Min.

**60 g Sesam** in einer beschichteten Pfanne rösten, bis er duftet.

**70 g Vollrohrzucker**
**2 Kardamomkapseln**

im Mixtopf **20 Sek./St. 10** pulverisieren.

**100 g grobe Haferflocken**
**100 g Dinkelvollkornmehl**
**60 g weiche vegane Margarine** in Stücken
**30 g Tahin-Sesampaste**
**100 g frischen Orangensaft**
**50 g getr. Cranberrys**
**1 Prise Salz**
**½ TL Weinsteinbackpulver**
**gerösteten Sesam**

zugeben und **13 Sek./St. 5** vermischen.

Mit einem Teelöffel Häufchen auf mit Backpapier ausgelegte Backbleche setzen und im vorgeheizten Backofen bei **175° Umluft 15-20 Min.** backen.
Etwas abkühlen lassen.

**3 geh. EL Puderzucker**
**1-1½ TL frischen Orangensaft** zu Puderzuckerguss verrühren.

Je einen Klecks Puderzuckerguss auf die Bergle verteilen und mit **Cranberrys** garnieren. Ergibt ca. 50 Stück.

www.tierfreischnauze.de

# Gebrannte Pinientaler

⏱ 45 Min.   ⏱ 1 ½ Std.

**110 g Pinienkerne** in einer Pfanne rösten, bis sie duften.

**50 g geröstete Pinienkerne**

im Mixtopf **3 Sek./St. 5** hacken.

**200 g Dinkelvollkornmehl**
**150 g weiche vegane Margarine in Stücken**
**75 g Vollrohrzucker**
**¼ TL Zimt**
**1 Prise Salz**

zugeben und **12 Sek./St. 5** vermischen.

Den Teig in Folie wickeln und ca. **1 Std.** im Kühlschrank ruhen lassen.
Er darf aber nicht zu fest werden.
Den Teig teilen und jedes Teil zu einer langen, fingerbreiten "Wurst" rollen,
ca. 1 cm breite Scheiben abschneiden und diese auf mit Backpapier ausgelegte Backbleche legen. Ergibt ca. 60 Stück.
Im vorgeheizten Backofen bei **175°** Umluft **10-15 Min.** backen.

**60 g geröstete Pinienkerne**
**1 TL vegane Margarine**
**30 g braunen Zucker**
**¼ TL Zimt oder Weihnachtsgewürz\***

im Mixtopf **7 Min./Varoma/Linkslauf/ Sanftrührstufe** karamellisieren.

**2 EL Marmelade nach Wahl**

zugeben. **6 Min./Varoma/Linkslauf/ Sanftrührstufe** erhitzen.

Je ca. ½ TL Pinien-Marmeladenmischung auf den Plätzchen verteilen.
Sollte die Masse zu fest werden, noch etwas Marmelade unterrühren.

# Matcha-Kipfla

45 Min.  1 ½ Std.

50 g Mandeln                                im Mixtopf **6 Sek./St. 10** zerkleinern.

200 g weiche vegane Margarine in Stücken
Mark 1 Vanilleschote
1 Prise Salz
2 TL Matchapulver (Grünteepulver)
                                            zugeben und **10 Sek./St. 6** mixen.

100 g Vollrohrzucker
350 g Mehl
ca. 1 EL Wasser                             zugeben und **40 Sek./St. 6 mithilfe des Spatels** verrühren. Je nach Mehlsorte evtl. mehr Wasser zufügen, so dass ein formbarer Teig entsteht.

Den Teig auf eine Backunterlage o. Ä. kippen und zu einer Kugel formen.
In einem Gefrierbeutel ca. **1 Std.** im Kühlschrank ruhen lassen. Nicht zu lang, sonst wird der Teig zu hart. Aus dem Teig kleine Hörnchen/Kipferl formen und diese auf mit Backpapier ausgelegte Backbleche legen.

Im vorgeheizten Backofen bei **175° Umluft 10-15 Min.** backen. Kurz etwas abkühlen lassen und dann in Zucker, gemischt mit etwas Matchapulver, wälzen.
Ergibt ca. 60 Stück.

Für Vanillekipfla das Matchapulver einfach weglassen.

*Danke an Elke für dieses Rezept.*

# Bratapfel-Softies

35 Min.  50 Min.

**Von 2 Äpfeln** das Kerngehäuse ausstechen und mit einem Hobel ca. 30 feine Scheiben/Ringe hobeln. Apfelreste aufbewahren.
Die Apfelscheiben auf einen Backrost legen und im vorgeheizten Backofen bei **150°** Umluft **ca. 15 Min.** trocknen. Evtl. zwischendurch mal kurz die Ofentür öffnen, damit die Feuchtigkeit entweichen kann.
Auf ein mit Backpapier ausgelegtes Blech legen.

**Ca. 110 g Äpfel (Reste)**
**125 g vegane Margarine in Stücken**
**100 g Vollrohrzucker**
**250 g Mehl**
**1 TL Weinsteinbackpulver**
**1 EL Vanillezucker**
**½ TL Zimt**
**1 Prise Salz**
**ca. 2 EL Apfelsaft**

in den Mixtopf geben und **30 Sek./St. 5** mixen. Von der Konsistenz sollte es ähnlich wie Makronenteig sein. Je nach Mehlsorte die Apfelsaftmenge anpassen.

Je einen Teelöffel voll von der Masse auf die Apfelscheiben setzen.
Mit **Bratapfelgewürz*** bestreuen und im vorgeheizten Backofen bei **150°** Umluft **ca. 35 Min.** backen. In einer Gebäckdose aufbewahren, aber am besten schmecken sie frisch.

Wenns mal schnell gehen muss, können diese leckeren Kekse auch ohne Apfelscheiben gemacht werden. Hierfür einfach die Masse auf ein mit Backpapier ausgelegtes Blech setzen.

Vollkorn-Hanf-Nougat-Kringel S.36

Vollkorn-Chia-Bananen-Softies S.37

Vollkorn-Sesam-Cranberry-Bergle S.38

Gebrannte Pinientaler S.39

Matcha-Kipfla S.40

Bratapfel-Softies S.41

# Doppelte Walnussherzen

⏱ 1 Std.  ⏱ 1 ¼ Std.

160 g Walnüsse

im Mixtopf **10 Sek./St. 10** mahlen.

300 g Mehl
200 g weiche vegane Margarine in Stücken
175 g Vollrohrzucker
1 EL Vanillezucker
1 TL Pfeilwurzelstärke
1 Fläschle Rumaroma
3 Tropfen Bittermandelöl
1 Msp. gem. Kardamom
1 Prise Salz

zugeben. **40 Sek./St. 6** vermischen. Der Teig sollte weich sein, aber nicht zu sehr kleben.
Evtl. etwas mehr Mehl einkneten, aber nicht zu viel.

Den Teig zu einer Kugel formen und in einem Gefrierbeutel eingepackt im Kühlschrank ca. **1 Std.** ruhen lassen. Nicht zu lange, denn sonst wird die Margarine wieder zu fest, sodass man ihn halt schön ausrollen kann.

Teig auf bemehlter Arbeitsplatte/Unterlage ausrollen und Herzen ausstechen.
Diese auf mit Backpapier ausgelegte Backbleche legen.
Im vorgeheizten Backofen bei **175°** Umluft **10-15 Min.** backen.

Die Hälfte der Herzen mit **Marmelade nach Wahl** bepinseln, die andere Hälfte daraufsetzen und mit **Kuvertüre** und **Walnüssen** garnieren.
Ergibt ca. 40 Stück.

# Florentiner

⏱ 25 Min.  ⏱ 2 ¼ Std.

**100 g vegane Margarine in Stücken**
**150 g braunen Zucker**

im Mixtopf 3,5 Min/Varoma/St. 2 schmelzen. Es sollte alles komplett geschmolzen sein.

**1 EL süße Orangenmarmelade (z. B. unsere Orangen-Ingwer-Marmelade*)**
**200 g Mandelblättchen**

zufügen und
**6 Min./100°/Linkslauf/St. 1** köcheln.

Je einen gehäuften Teelöffel voll von dieser Mandelmischung in kleine Papierbackförmchen füllen und auf ein Backblech stellen. Ca. 35-40 Stück.

Im vorgeheizten Backofen bei **200°** Ober-/Unterhitze **ca. 15 Min.** backen, bis sie schön braun sind.

Die Förmchen am besten in den Kühlschrank stellen und die Mandelmasse fest werden lassen. Das dauert ca. 2 Std., bei Zimmertemperatur natürlich länger. Wenn sie ausgekühlt und fest sind, dann lässt sich die Papiermanschette ohne Weiteres abziehen.

Die Unterseite mit

**veganer zartbitterer Kuvertüre** bepinseln.

Verkehrt herum, am besten auf Backpapier, die Schoki trocknen lassen.
In einer Gebäckdose aufbewahren. Sie werden aber sicher nicht lange überleben …

Doppelte Walnuss Herzen S.43

Florentiner S.44

⏱ 1 Std.  ⏱ 45 Min.

# Zimtstern küsst Kokoshäufchen

**300 g Rohrohrzucker**

im Mixtopf **25 Sek./St. 10** pulverisieren.

**100 g Puderzucker** umfüllen,
**200 g** im Mixtopf lassen!

**200 g Haselnüsse**
**150 g Mandeln**

dazuwiegen und **10 Sek./St. 10** mahlen.

**2 EL Zimt**
**1 Prise Salz**
**1 EL Zitronensaft**
**1 EL ger. Bio-Orangenschale**

**ca. 50 g Orangensaft**

zufüllen. Mit

(den ihr während des Rührens nach Bedarf dazugebt) ca. **20 Sek./St. 6** verrühren. Teig darf nicht kleben.

Teig auf bemehlter Arbeitsplatte/Unterlage ca. 3 mm dick ausrollen und Sterne ausstechen. Diese auf mit Backpapier ausgelegte Backbleche legen. Mixtopf kurz durchspülen.
**Kokoshäufchen:**
**100 g Puderzucker**
**70 g Kokosflocken**
**100 g Cashews Natur**
**1 EL Zitronensaft**
**300 g Kokos- oder Mandeldrink**
**¾ TL Guarkernmehl**

im ausgespülten Mixtopf **5-6 x** auf **Stufe 6** solange mixen, bis das Messer durchdreht. Masse vom Rand nach unten schieben und Vorgang wiederholen.

Je ½ TL der Kokosmasse auf die Mitte der Sterne setzen. Teig hat noch eine eher krümelige Konsistenz, aber sollte zusammenhalten.
Mit **Zimt** oder **Chiliflocken** bestreuen und im vorgeheizten Backofen bei **150°** Umluft **ca. 15 Min.** backen.

Gut auskühlen lassen und wer mag, bepinselt die Sternecken für den Glanz mit etwas Öl oder Puderzuckerguss.
Ergibt ca. 60 Stück.
Da sie ziemlich Feuchtigkeit ziehen, am besten in einem Karton oder in einer Blechdose aufbewahren.

Aus der (restl.) Kokosmasse Häufchen auf **Oblaten** setzen, evtl. mit einer **Belegkirsche, Marmelade oder anderem** garnieren und Kokoshäufchen backen. Bei **150° Umluft 20-25 Min.**, sie sollten leicht gebräunt sein.

Die Kokosmasse kann auch gerne weggelassen werden. Die Sterne dann einfach nach dem Backen mit Zuckerguss bestreichen.

*Zimtstern küsst Kokoshäufchen*

*Kokoshäufchen*

# Jojo-Kekse

🕐 1 Std.   🕐 2,5 Std.

200 g vegane Margarine in Stücken
100 g Puderzucker
1 EL Vanillezucker
1 Prise Salz
45 g Kakao
30 g neutrales Öl (Raps oder Sonnenblume)
250 g Mehl

im Mixtopf **25 Sek./St. 6** verkneten. Es sollte ein weicher, relativ formbarer Teig entstanden sein.

Eine Teigkugel formen und diese eingepackt im Kühlschrank **ca. 1 ½ Std**. ruhen lassen. Mit reichlich Mehl auf bemehlter Unterlage ausrollen und ca. 80 Kreise ausstechen (Durchmesser eines Schnapsglases).
Optional mit einem Keksstempel stempeln.
Auf mit Backpapier ausgelegte Backbleche im vorgeheizten Backofen bei
**175° Umluft 10-15 Min.** backen. Auf dem Backblech vollständig abkühlen lassen.

Mixtopf durchspülen.

150 g Puderzucker
150 g weiche vegane Margarine in Stücken
Mark 1 Vanilleschote

in den Mixtopf geben und **20 Sek./St. 4** verrühren.

Mit einem Messer die Hälfte der Kekse dick mit der Creme bestreichen und die andere Hälfte auf die Füllung drücken. Ergibt ca. 40 Stück.

Wer Oooreeeoo-Kekse liebt, wird diese hier anbeten …

# Cantuccini à la Geli

⏱ 1 Std.   ⏱ 1 Std.

**200 g Mandeln** mit heißem Wasser überbrühen. Erst einmal beiseitestellen.

400 g Mehl
80 g Raps- oder Sonnenblumenöl
4 TL Vanillezucker
220 g Vollrohrzucker
Mark 1 Vanilleschote
10 g Weinsteinbackpulver
4 EL Sojamehl
1 EL Lupinenmehl
140 g Wasser
1 Prise Salz

im Mixtopf **1,5 Min./Knetstufe** kneten.

Teig **ca. 15 Min.** im Mixtopf abgedeckt ruhen lassen.
Während der Teig ruht, die Haut der Mandeln abziehen. Ihr könnt natürlich auch bereits abgezogene Mandeln verwenden. Einweichen solltet ihr sie aber trotzdem kurz. Die

**abgezogenen Mandeln** in den Mixtopf geben und **30 Sek./Knetstufe** untermengen. Je nach Beschaffenheit des Teiges evtl. Mehl dazugeben. Es sollte ein richtig fester Teiglaib sein.

Aus dem Teig 6 Rollen formen und diese auf mit Backpapier ausgelegte Bleche legen.
Bei **175° Umluft 20-25 Min.** backen. Leicht abkühlen lassen.
Die Rollen mit einem glatten, scharfen Messer in ca. 1 cm dicke, schräge Scheiben schneiden. Mit der Schnittfläche nach unten auf das Backblech legen und bei
**150° Umluft ca. 13 Min.** kross backen.

Nach dem Abkühlen in einer Blechdose an einem trockenen und kühlen Ort über mehrere Wochen haltbar. Ergibt ca. 80 Stück.

*Danke an Geli für dieses tolle Gebäck!*

Cantuccini à la Geli S.49

Jojo-Kekse S.48

⏱ 30 Min.  ⏱ 1 ½ Std.

# Traumstücke

120 g Mandeln

im Mixtopf **10 Sek./St. 10** mahlen.

400 g Mehl
100 g Speisestärke
2 TL Pfeilwurzelstärke
250 g weiche vegane Margarine in Stücken
125 g Soja- oder Lupinenjoghurt
180 g Vollrohrzucker
Mark ½ Vanilleschote
1 TL Weihnachtsgewürz*
1 Prise Salz
ca. 30 g frischen Orangensaft

zugeben und **1 Min./Knetstufe mithilfe des Spatels** kneten. Teig sollte formbar sein, evtl. mehr Mehl oder O-Saft zufügen.

Den Teig in einen Gefrierbeutel geben und ca. **1 Std.** im Kühlschrank ruhen lassen.
Er darf aber nicht zu fest werden.
Teig vierteln und jedes Teil zu einer langen, fingerbreiten "Wurst" rollen,
ca. ½-1 cm breite Stücke abschneiden und diese auf mit Backpapier ausgelegte Backbleche legen. Ruhig nah beieinander, sie gehen kaum auf.
Wer mag, drückt mit einer bemehlten Gabel Rillen in die Stücke.

Im vorgeheizten Backofen bei **170°** Umluft **10-15 Min.** backen.

Mit Puderzucker bestäuben und in einer Gebäckdose aufbewahren,
ergibt ca. 100 Stück.

### Puderzuckervarianten:
Orangenwald: 100 g Rohrohrzucker mit 3-5 Streifen getrockneter Bio-Orangenschale
20 Sek./St. 10 pulverisieren.
Weihnachtszauber: 100 g Rohrohrzucker mit 1 TL Weihnachtsgewürz*
10 Sek./St. 10 pulverisieren.
Cappuccinotraum: 100 g Rohrohrzucker mit 1 TL lösl. Kaffeepulver
und 1 TL Kakao 10 Sek./St. 10 pulverisieren.

# Maroni-Orangen-Stückle

45 Min.  1 Std.

250 g gegarte Maronen
130 g Vollrohrzucker
1 EL Vanillezucker
160 g Mehl
160 g weiche vegane Margarine in Stücken
1 Prise Salz
1 TL Zimt
ger. Schale 1 Bio-Orange

im Mixtopf **30 Sek./St. 6, evtl. mithilfe des Spatels,** verkneten.

Den Teig in einen Gefrierbeutel wickeln und ca. **30 Min**. im Kühlschrank parken.
Halbieren und jedes Teil zu einer langen, daumenbreiten "Wurst" rollen,
ca. ½-1 cm breite Scheiben abschneiden und diese auf mit Backpapier ausgelegte Backbleche legen. Ergibt ca. 80 Stück.
Im vorgeheizten Backofen bei **170°** Umluft **10-15 Min.** backen.

Puderzucker mit etwas Orangensaft verrühren und die Stückle damit bepinseln.
Evtl. mit zerkleinerten Maroni bestreuen.

# Schwarz-Weiß-Gebäck mal anders

⏱ 1 Std.  ⏱ 45 Min.

**100 g Mohn**
im Mixtopf **25 Sek./St. 7,5** mahlen.

**50 g Rosinen**
zugeben und **15 Sek./St. 7,5** zerkleinern. Umfüllen.

**50 g Rosinen**
**100 g Vollrohrzucker**
im Mixtopf **10 Sek./St. 10** zerkleinern.

**250 g weiche vegane Margarine in Stücken**
**1 EL Vanillezucker**
**1 Schuss braunen Rum**
zugeben und **1 Min./St. 5** rühren.

**500 g Mehl**
**1 TL Pfeilwurzelstärke**
**1 Prise Salz**
**80-100 g frischen Orangensaft**
(je nachdem wie groß euer Schuss Rum war)
einwiegen und ca. **1,5 Min./St. 6** mithilfe des **Spatels** verkneten.

Die Hälfte des Teiges entnehmen. Die **Mohnmischung** zur anderen Hälfte in den Mixtopf geben und **40 Sek./St. 4** einrühren.

Beide Teige in einen Gefrierbeutel wickeln und ca. **30 Min.** kühl stellen.

Den hellen Teig auf bemehlter Arbeitsplatte, ca. 2 mm stark, rechteckig ausrollen und mit **Marmelade nach Wahl** bestreichen.
Den Mohnteig ebenso ausrollen und vorsichtig auf die helle Teigplatte legen.
Die Teigplatte 2-mal längs durchschneiden, sodass ihr 3 breite Streifen vor euch habt.
Jeden Teigstreifen von der langen Seite her aufrollen. Scheiben abschneiden und diese auf mit Backpapier ausgelegte Backbleche legen. Ergibt ca. 80 Stück.

Im vorgeheizten Backofen bei **175° Umluft 10-15 Min.** backen.

Wer keine Rosinen mag, kann sie durch Vollrohrzucker ersetzen.

# Dattelsandwich

1 Std.    25 Min.

| | |
|---|---|
| 200 g Datteln, entsteint | im Mixtopf ca. **10 Sek./St. 6** zerkleinern (je nach Härte mehr oder weniger) und umfüllen. |
| 200 g Mandeln ohne Haut | **15 Sek./St. 10** mahlen. |
| 160 g Puderzucker<br>40 g Mehl<br>80 g Mandeldrink<br>½ TL Weinsteinbackpulver<br>½ Fläschle Rumaroma<br>1 Msp. Zimt | zugeben und **25 Sek./St. 5** rühren. |
| Zerkleinerte Datteln | **30 Sek./St. 6** einrühren. |

Ca. 1 TL des zähen Teiges auf Oblaten streichen, mit einer zweiten Oblate abdecken und fest drücken. Bissle klebrige Angelegenheit, wird aber lecker …

Auf mit Backpapier ausgelegte Backbleche legen und im vorgeheizten Backofen bei **140°** Umluft ca. **25 Min.** backen. Nach ca. 5 Min. Backzeit mal nachschaun, evtl. von der Hitze verbogene Oblaten zurechtdrücken oder komplettes Dattelsandwich einmal umdrehen und gerade drücken.

Nach dem Backen mit **Kuvertüre** verzieren oder halb darin eintauchen.
Ergibt ca. 50 Stück.

Traumstücke S.51

Maroni-Orangen-Stückle S.52

Schwarz-Weiß-Gebäck mal anders S.53

Dattelsandwich S.54

# Marzipanstäubchen

⏱ 20 Min.　⏱ 40 Min.

100 g Rohrohrzucker

> im Mixtopf **15 Sek./St. 10 zu Puderzucker** mahlen und umfüllen.

185 g weiche vegane Margarine in Stücken
50 g Puderzucker
130 g Marzipan*

> einwiegen und **30 Sek./St. 5** cremig rühren.

25 g Speisestärke
30 g neutrales Öl (Raps oder Sonnenblume)
1 TL Weinsteinbackpulver
½ Fl. Bittermandelöl
ca. 340 g Mehl

> zufügen und **3 Min./Knetstufe** verkneten, bis ein geschmeidiger, formbarer Teig entstanden ist. Nach Bedarf mehr Mehl oder Öl zufügen.

Aus dem Teig zwei Stränge formen. Der Teig ist ziemlich mürbe und zerfällt leicht, aber es geht schon. Von den Strängen ca. 1 cm dicke Scheiben abschneiden und
auf mit Backpapier belegte Backbleche legen.
Mit einer bemehlten Gabel Rillen eindrücken.

Im vorgeheizten Backofen bei **175°** Umluft ca. **15 Min.** backen.

Sie sollten noch hell sein und die Kanten ganz leicht gebräunt.
Auf dem Blech auskühlen lassen und mit dem restl. Puderzucker bestäuben.
Ergibt ca. 100 Stück.

Ein schnelles Rezept ohne viel Zeitaufwand …

# Spritzgebäck

35 Min. | 15 Min.

250 g Mehl
125 g Rohrohrzucker
125 g vegane Margarine in Stücken
100 g Soja- oder Mandeldrink
2 EL Kartoffelstärke

im Mixtopf **20 Sek./St. 5** verrühren.

Den Teig in eine Gebäckpresse mit Spritzaufsatz füllen und auf mit Backpapier belegte Bleche verschiedene Formen (Kringel, Stangen, Schnecken, Schlangen etc.) spritzen. Ergibt ca. 75 Stück.
Je nach Gebäckpresse die Beschaffenheit des Teiges anpassen (mehr Mehl oder mehr Flüssigkeit).

Im vorgeheizten Backofen bei **175° Umluft 10-15 Min.** goldgelb backen.

Je nach Wunsch halb in Kuvertüre tauchen, anderweitig verzieren oder einfach so lassen.

www.tierfreischnauze.de

20 Min.   40 Min.

# Zipfelmützchen

50 g Cashews Natur

im Mixtopf **6 Sek./St. 10** zerkleinern.

200 g weiche vegane Margarine in Stücken
Mark 1 Vanilleschote
1 Prise Salz
65 g Nuss- oder Sojadrink

zugeben und **8 Sek./St. 6** verrühren.

100 g Rohrohrzucker
300 g Mehl

einwiegen und **40 Sek./St. 6** zu einem weichen, zähen Teig vermischen.

Ca. ½-1 TL Teig mit den Fingern abzupfen und auf mit Backpapier belegte Backbleche setzen.
Eine **Cashewnuss** in die Mitte stecken und im vorgeheizten Backofen bei **175°** Umluft ca. **15-20 Min.** backen.
Ergibt ca. 75 Stück.

Nach dem Abkühlen mit etwas Puderzucker bestäuben.

Ein schnelles "Vanillekipferl" Rezept ohne viel Zeitaufwand …

Marzipanstäubchen S.56

Spritzgebäck S.57

Zipfelmützchen S.58

# Chia-Nougatbusserl

20 Min.  30 Min.

30 g Chiasamen
100 g schnittfestes veganes Nougat* in Stücken
75 g Nussdrink
110 g weiche vegane Margarine in Stücken

im Mixtopf **20 Sek./St. 5** verrühren.

150 g Mehl
60 g Vollrohrzucker
1 EL Vanillezucker
2 EL Kakao
1 Prise Salz
½ TL Weinsteinbackpulver

zugeben und **20 Sek./St. 4,5** verrühren.

Mit einem feuchten Teelöffel Häufchen auf mit Backpapier belegte Backbleche setzen und mit einer **Haselnuss** garnieren.
Im vorgeheizten Backofen bei **175°** Umluft ca. **12-15 Min.** backen.
Ergibt ca. 40 Stück.

Frisch besonders lecker!

Es gibt unterschiedliche Arten von Nougat, von schnittfest bis streichfähig.
Wenn ihr streichfähiges Nougat verwendet, brauchts weniger Nussdrink.
Am besten ihr nehmt unser selbst gemachtes.

# Terrassenplätzchen / Spitzbuben

1 ½ Std.   1 ½ Std.

200 g Mehl
1 ½ TL Weinsteinbackpulver
70 g Rohrohrzucker
Mark 1 Vanilleschote
120 g kalte vegane Margarine in Stücken
1 EL Sojamehl
1 EL Lupinenmehl
3 EL Wasser
1 Msp. Kurkuma
1 Msp. Pfeilwurzelstärke

im Mixtopf **30 Sek./St. 5** verrühren. Der Teig sollte formbar sein und nicht mehr kleben.

Zu einer Kugel formen und in Folie verpackt 1 Std. im Kühlschrank ruhen lassen.

Portionsweise den Teig entnehmen und auf bemehlter Arbeitsfläche ca. 3 mm dick ausrollen. Nun könnt ihr machen, wie ihr es wollt. Nehmt eine Ausstechform, die euch gefällt, und stecht (am besten in 3 verschiedenen Größen) Plätzchen aus. Für Spitzbuben nehmt ihr eine runde Form und stecht in die Hälfte der Plätzchen in die Mitte noch ein "Guckloch". Ausstecher immer wieder in Mehl tauchen.

Die Plätzchen auf mit Backpapier belegte Bleche legen und im vorgeheizten Backofen bei **200° Umluft 4-6 Min.** backen. Abkühlen lassen.

**Ca. 160 g rote Marmelade nach Wahl (z. B. Himbeer bei Terrassen oder typisch urschwäbisch bei Spitzbuaba Hagenbuttenmark)**
je nach Konsistenz etwas erwärmen.

Die Plätzchen mit Marmelade bestreichen und jeweils 3 unterschiedlich große zu Terrassen aufeinandersetzen.

Mit **Puderzucker** bestäuben.

Für Spitzbuben empfiehlt es sich, vorab die "Guckloch-Plätzchen" mit Puderzucker zu bestäuben und erst dann aufeinanderzusetzen. So bleibt die Marmelade schön rot.
In einer Gebäckdose aufbewahren, ergibt ca. 50 Stück.

Chia-Nougatbusserl S.60

Terrassenplätzchen/Spitzbuben S.61

## Schäumle mit Kicherschnee

⏱ 20 Min.   ⊕ 2 ½ Std.

170 g Kichererbsenabtropfwasser (Glas, Dose)
150 g Puderzucker
1/3 TL Guarkernmehl
Mark ½ Vanilleschote
1 ½-2 TL frischen Zitronensaft, je nach Geschmack
¼ TL Weinsteinbackpulver

im Mixtopf mit **Rühraufsatz 5 Min./St. 4 ohne Messbecher** schaumig schlagen; je länger, desto fluffiger. Gareinsatz als Spritzschutz auf den Deckel stellen.

Die Masse in einen Spritzbeutel füllen und ca. 50 kleine Plätzchen auf mit Backpapier ausgelegte Backbleche spritzen. Evtl. mit Nüssen oder Zimt bestreuen (nicht einrühren) und im vorgeheizten Backofen bei **100°** Umluft **2 Std.** trocknen.
Im Ofen auskühlen lassen. In einer Gebäckdose aufbewahren.

## Kicher-Makronen

⏱ 20 Min   ⊕ 30 Min

120 g Kichererbsenabtropfwasser (Glas, Dose)
50 g Puderzucker
1 ½ TL frischen Zitronensaft
15 g Speisestärke (Maisstärke)
15 g Kartoffelstärke
½ TL Guarkernmehl
½ TL Johannisbrotkernmehl
½ gestr. TL Weinsteinbackpulver

im Mixtopf mit **Rühraufsatz 5 Min./St. 4 ohne Messbecher** aufschlagen. Am Ende des Schlagens durch die Deckelöffnung

**Gewürze (z. B. Zimt, Tonkazucker\*)**
**noch mehr Puderzucker (nach Geschmack, ca. 100 g)**
zugeben.
**Nüsse, Kokosflocken etc. (ca. 200 g)** zum Schluss mit dem Spatel unterheben.

Mithilfe von 2 feuchten Teelöffeln oder einem Spritzbeutel ca. 40 Häufchen auf Bleche mit Backpapier oder Oblaten setzen und im vorgeheizten Backofen bei **160°** Umluft ca. **15 Min.** backen, bis die Spitzen braun werden.
Auskühlen lassen und in einer Gebäckdose aufbewahren.

Manchmal kommt es vor, dass das Kichererbsenwasser nicht steif wird.
Dann wechselt einfach mal die Marke. Mit den meisten klappts hervorragend.

www.tierfreischnauze.de

# Gefüllte Espresso-Plätzchen

330 g Mehl
70 g Maisstärke
20 g Kakao
2 TL Weinsteinbackpulver
160 g Vollrohrzucker
2 EL Sojamehl
2 EL Lupinenmehl
4 EL Wasser
1/2 TL Pfeilwurzelstärke
210 g vegane Margarine in Stücken
1 Paar Tropfen Bittermandelöl

im Mixtopf **40 Sek./St. 6** mithilfe des Spatels vermischen. Der Teig ist eher bröselig – das passt so.

Zu einer Kugel formen und in Folie verpackt 1 Std. im Kühlschrank ruhen lassen.

Füllung:
120 g Kokosfett (geschmacksneutral) in Stücken
70 g Vollrohrzucker
2 TL Kakao
2 EL Rum
2-3 EL kalter Espresso
80 g Mandeln
1 EL Pfeilwurzelstärke
1 EL Lupinenmehl

in den Mixtopf geben und **20 Sek./St. 6** mixen. **10 Sek./St. 5** zu einer glatten Creme verrühren. Kühl stellen.

Den Teig auf bemehlter Arbeitsfläche ca. 3 mm dick ausrollen und runde Plätzchen ausstechen. Auf mit Backpapier belegte Backbleche legen und im vorgeheizten Backofen bei **200° Umluft ca. 5 Min.** backen. Auskühlen lassen.

Nach dem Auskühlen jeweils ca. 1 TL Füllung auf ein Plätzchen streichen und ein zweites Plätzchen darauflegen. Bissle pressen, dann verteilt sich die Creme am allerbesten. Jetzt mit den restlichen Plätzchen genauso weiterverfahren.

Glasur:
150 g Puderzucker
4 EL Espresso
2 EL Öl
miteinander vermischen und die Plätzchen damit bepinseln.

Mit **Schokostreuseln, Nüssen oder unserem Feenzauberstreu** (Rezept im Blog) bestreuen.

In einer Gebäckdose aufbewahren. Ergibt ca. 50 Stück.

⏱ 30 Min   ⏱ 1 ½ Std.

## Marmeladenbrötle

250 g Mehl
150 g weiche vegane Margarine in Stücken
125 g Rohrohrzucker
½ TL Weinsteinbackpulver
1 EL Vanillezucker
15 g Pfeilwurzelstärke
40 g Mandel- oder Sojadrink
1 Prise Salz

im Mixtopf **25 Sek./St. 5** verkneten.
Der Teig sollte weich, aber formbar sein.

Den Teig zu einer Kugel formen und verpackt **ca. 1 Std.** im Kühlschrank ruhen lassen.

Auf einer bemehlten Arbeitsplatte den Teig ausrollen und in lange, breite Streifen schneiden. Auf jedem Streifen
**Marmelade nach Wahl**
verstreichen (Rand frei lassen), die Streifen längs aufrollen und in Stückchen schneiden.
Ergibt ca. 65 Stück.

Die Stückchen auf mit Backpapier belegte Backbleche legen und im vorgeheizten Backofen bei **175°** Umluft **15-20 Min.** backen.

Nach dem Auskühlen mit **Puderzucker** bestäuben.

*Eine schnelle Variante von Spitzbuben/Terrassenplätzchen …*

Gefüllte Espresso-Plätzchen S.64

Marmeladenbrötle S.65

Schäumle mit Kicherschnee S.63

Kicher-Makronen S.63

# Gewürzspekulatius

30 Min. | 1 ½ Std.

60 g Mandeln ohne Haut
125 g Vollrohrzucker

im Mixtopf **10 Sek./St. 10** mahlen.

250 g Mehl
1 EL Pfeilwurzelstärke
150 g weiche vegane Margarine in Stücken
1 ½ EL Spekulatiusgewürz*
ca. 20 g Wasser

zufügen und **ca. 1 Min./St. 6 mithilfe des Spatels** verkneten, bis ein formbarer Teig entstanden ist. Evtl. noch etwas Wasser zufügen.

Den Teig eingepackt **ca. 1 Std.** im Kühlschrank ruhen lassen.

Auf bemehlter Arbeitsplatte ausrollen, mit einem Teigrädchen Rechtecke ausschneiden, nach Wahl stempeln und auf mit Backpapier ausgelegte Backbleche legen.
Ergibt 2 Bleche.

Im vorgeheizten Backofen bei **175°** Umluft **15-20 Min.** goldbraun backen.

# Gewürzschnitten

30 Min.   1 ½ Std.

200 g Vollrohrzucker
1 TL getr. Nelken
4 Kardamomkapseln

im Mixtopf **30 Sek./St. 10** pulverisieren.

250 g Walnüsse
80 g vegane zartbittere Schokolade in Stücken

einwiegen und **5 Sek./St. 10** zerkleinern.

250 g Mehl
120 g weiche vegane Margarine in Stücken
2 TL Zimt
200 g Haselnussdrink
1 Päckle Weinsteinbackpulver
1 Prise Salz

zugeben und **40 Sek./St. 6** verrühren.

Die Masse auf ein mit Backpapier ausgelegtes Backblech streichen und im vorgeheizten Backofen bei **170°** Umluft ca. **15 Min.** backen.

Noch warm dick mit **Kuvertüre** bestreichen,
evtl. mit gehackten Nüssen bestreuen.
Nach dem Abkühlen in kleine Rechtecke oder Rauten schneiden
und luftdicht verpackt kühl lagern.

Am besten schmeckens, wenn sie 3 Tage durchgezogen sind.

# Nussecken

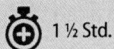

**350 g Haselnüsse**

im Mixtopf **10 Sek./St. 7** zerkleinern. Umfüllen.

**300 g Mehl (Type 1050)**
**100 g Rohrohrzucker**
**150 g weiche vegane Margarine in Stücken**
**2 EL Sojamehl**
**1 TL Weinsteinbackpulver**
**1 TL Pfeilwurzelstärke**
**Mark 1 Vanilleschote**
**1 Prise Salz**
**ca. 100 g Wasser**

in den Mixtopf geben und **1 Min./St. 4** verrühren, bis ein zäher Teig entsteht.

Den Teig auf ein mit Backpapier ausgelegtes Backblech streichen.
Mixtopf durchspülen.

**150 g (Aprikosen-)Marmelade**

im Mixtopf **2 Min./60°/St. 1** verflüssigen.

Den Teig damit bestreichen.

**150 g vegane Margarine in Stücken**
**150 g Apfeldicksaft**
**80 g Wasser**
**2 EL Vanillezucker**
**ger. Schale ½ Zitrone**

im Mixtopf **2 Min./90°/St. 1** erhitzen. Die

**gemahlenen Haselnüsse**

**15 Sek./St. 3** unterrühren.

Die Nussmasse auf dem mit Marmelade bestrichenen Teig verteilen.

Im vorgeheizten Backofen bei **175°** Ober-/Unterhitze **ca. 30 Min.** backen.
Weitere **10 Min.** im Ofen ruhen lassen und noch warm in kleine Dreiecke schneiden.
Abgekühlt bis zur Hälfte in Kuvertüre tauchen und auf einem Kuchengitter
fest werden lassen.
Luftdicht verpackt kühl lagern.

⏱ 35 Min.   ⏱ 1 ½ Std.

# Tea Time Cake/Pasty – englisches Weihnachtsgebäck

40 g Mandeln
100 g Rosinen
50 g Cranberrys

im Mixtopf **10 Sek./St. 5** zerkleinern.

100 g Golden Syrup (Alternative siehe Tipp)
15 g Zitronensaft
15 g braunen Rum
1 TL Zimt

zugeben und **5 Sek./St. 5** miteinander vermischen.
**1 Std.** ruhen lassen.

**270 g veganen Blätterteig** ausrollen und etwa 15 Kreise von ca. 8 cm Durchmesser (z. B. mit einem Glas) ausstechen. Jeweils 1 bis 2 TL der Früchtemischung in die Mitte der Kreise geben, die Kreise zu halbrunden Taschen schließen, an den Rändern gut zusammendrücken und in Abständen von ½ cm mit dem Rücken eines Messers noch einmal an den Rändern entlang Kerben eindrücken.

Auf ein mit Backpapier ausgelegtes Backblech legen und die Oberseite jeweils mit Soja- oder Mandeldrink bestreichen.
Im vorgeheizten Backofen bei **200°** Ober-/Unterhitze etwa **20 Min.** goldbraun backen.

Mit **Puderzucker** bestäuben.

Golden Syrup und Alternativen:
(englische Version – ist karamellig im Geschmack). Alternativ könnt ihr jeden anderen hernehmen. Kokosblütensirup oder Dattelsirup sind sicher auch tolle Alternativen.

In englischen Rezepten kommen 50 g kandierte Früchte, die sind in Deutschland schwer zu finden, daher unsere Version mit Cranberrys.

Wer kandierte Früchte verwendet, die Zugabe von Sirup anpassen!!
Dann reichen 25–50 g Sirup.

Gewürzspekulatius S.67

Gewürzschnitten S.68

Nussecken S.69

Tea Time Cake/Pasty S.70

# Baumkuchenspitzen

100 g Rohrohrzucker
                                                     im Mixtopf **10 Sek./St. 10** pulverisieren.

200 g Marzipan*
70 g neutrales Öl (Raps oder Sonnenblume)
120 g Soja- oder Lupinenjoghurt
100 g sprudeliges Mineralwasser
¼ TL Salz
30 g Rum, Amaretto oder Orangenlikör
ersatzweise Orangensaft oder Bittermandelsirup
                                                 zugeben und **20 Sek./St. 6** mixen.

150 g Mehl
50 g Speisestärke (Maisstärke)
30 g Kartoffelstärke oder Lupinenmehl
15 g Pfeilwurzelstärke
½ Päckle Weinsteinbackpulver
                                                 zufügen und **5 Sek./St. 5** verrühren.

Mit einem Silikonspatel 5–6 EL des Teiges auf ein mit Backpapier belegtes Blech streichen – ganz dünn und im vorgeheizten Backofen bei **200°** Ober-/Unterhitze auf der 2. Stufe von oben **ca. 4-5 Min.** backen. Sichtkontakt halten; sobald die Oberfläche goldbraun ist, aus dem Ofen nehmen.

Ihr könnt auch die Grillfunktion nutzen, dann aber auf mittlerer Schiene backen. Testet einfach mal durch, wie es besser ist …

Die nächste Lage ebenso wieder draufstreichen und backen.
Insgesamt ca. 5–6 Lagen auf diese Weise backen.

Nach dem letzten Backen sofort mit einem sauberen Tuch abdecken und abkühlen lassen.

Evtl. verbrannte Ränder abschneiden und den Baumkuchenboden einmal teilen, sodass ihr 2 gleich große Teile habt (in der Größe eines halben Backbleches).

**2 EL Rum, Amaretto oder Orangenlikör ersatzweise Bittermandelsirup mit
2 EL Orangensaft** verrühren.
Beide Hälften des Bodens damit einpinseln.

Solltet ihr das Gefühl haben, der Boden braucht mehr Feuchtigkeit, dann rührt einfach noch mal etwas an er zieht aber noch Feuchtigkeit bei der Lagerung.
Beide Böden mit
**süßer Orangenmarmelade oder Aprikosenmarmelade**
bestreichen.

Die Böden aufeinandersetzen und in Dreiecke/Spitzen schneiden.
Ergibt ca. 25 Stk.

Diese komplett in **ca. 600 g geschmolzene vegane Kuvertüre** tauchen und auf einem Gitter fest werden lassen.

In einem luftdichten Behälter an einem kühlen Ort (evtl. Kühlschrank) **mind. 3 Tage** ziehen lassen.

Etwas aufwändig, aber super lecker!!!

Aus abgeschnittenen harten Resten, die nicht verbrannt sind, könnt ihr tolle Kugeln zaubern. Einfach die Reste im Mixtopf zerkleinern und etwas Rum, Orangensaft etc. dazugeben. Die Masse mit der restl. Kuvertüre vermischen und fest werden lassen.
Kleine Kugeln abstechen und in Kakao oder Kokosflocken etc. wälzen.

# Schokoladenbrot

35 Min.  1 ½ Std.

250 g Mandeln oder Haselnüsse

> im Mixtopf **10 Sek./St. 10** mahlen.

250 g vegane zartbittere Schokolade in Stücken

> zufügen und **10 Sek./St. 10** zerkleinern.

300 g Kartoffeln in Stücken (roh)

> einwiegen und **10 Sek./St. 10** mixen.

250 g Vollrohrzucker
120 g neutrales Öl (Raps oder Sonnenblume)
100 g Mehl
15 g Pfeilwurzelstärke
85 g Wasser
1 TL Weinsteinbackpulver
½ TL Zimt

> zugeben und **10 Sek./St. 6** mithilfe des Spatels vermischen.

Die Masse auf ein mit Backpapier belegtes Blech streichen und im vorgeheizten Backofen bei **190° Ober-/Unterhitze 25-30 Min.** backen. Noch warm mit
**ca. 200 g veganer zartbitterer Kuvertüre** einpinseln. Mit
**gehobelten Mandeln oder gehobelter veganer weißer Schoki** bestreuen.

Nach dem Erkalten in kleine Stücke oder Rauten schneiden.

In einem luftdichten Behälter kühl aufbewahren.

45 Min.   30 Min.

# Inka-Lebkuchen

**150 g Quinoa**

im Mixtopf **1 Min./St. 10** mahlen.

**150 g Haselnüsse**
**150 g Mandeln**
**80 g vegane zartbittere Schokolade in Stücken**
**100 g Orangeat/Zitronat oder getr. Aprikosenstücke**

einwiegen und **10 Sek./St. 8** hacken.

**100 g Agavendicksaft**
**60 g Vollrohrzucker**
**15 g braunen Rum**
**2 EL Weihnachtsgewürz***
**1 TL ger. Bio-Orangenschale**
**1 TL ger. Bio-Zitronenschale**
**1 Prise Salz**
**1 Päckle Weinsteinbackpulver**
**120 g frischen Orangensaft**

zugeben. **40 Sek./St. 6** mithilfe des Spatels vermischen.

Ca. 1 EL der Masse auf Lebkuchenoblaten streichen und auf ein mit Backpapier ausgelegtes Backblech setzen. Evtl. eine Backprobe durchführen.
Ergibt ca. 25 Stück.

Im vorgeheizten Backofen bei **150° Umluft ca. 25 Min.** backen.

Mit **Kuvertüre** oder **Puderzuckerguss** (oder beidem) überziehen und in einer Gebäckdose aufbewahren.

# Glühwein-Lebkuchen

⏱ 45 Min.   ⏱ 30 Min.

250 g Haselnüsse

                           im Mixtopf **10 Sek./St. 10** mahlen.

200 g Vollrohrzucker
100 g Orangeat/Zitronat oder getr. Aprikosenstücke
50 g Kartoffelstärke
50 g Mehl
1 ½ EL Weihnachtsgewürz*
½ TL Weinsteinbackpulver
1 Prise Salz
150 g veganen Glühwein

                           zugeben und **15 Sek./St. 6** vermischen.

Ca. 1 EL der Masse auf Lebkuchenoblaten setzen (verläuft beim Backen) und auf ein mit Backpapier ausgelegtes Backblech legen. Evtl. eine Backprobe durchführen. Ergibt ca. 25 Stück.

Im vorgeheizten Backofen bei **170° Umluft 20-25 Min.** backen.

Mit **Kuvertüre oder Puderzuckerguss** (oder beidem) überziehen und in einer Gebäckdose aufbewahren.

# Amaranth-Kartoffel-Lebkuchen – The Best ...

45 Min.    30 Min.

| | |
|---|---|
| 50 g Amaranth<br>100 g Vollrohrzucker | im Mixtopf **1 Min./St. 10** mahlen.<br>Etwas auf den Deckel legen, da es staubt. |
| 100 g Vollrohrzucker<br>120 g Mandeln<br>120 g Haselnüsse | zufügen und **10 Sek./St. 10** mahlen.<br>Umfüllen. |
| 250 g Kartoffeln in Stücken (roh) | **8 Sek./St. 5** zerkleinern. Runterschaben und |
| 20 g Wasser | zugeben. **6 Min./100°/St. 2** dünsten. |
| 1 TL ger. Bio-Orangenschale<br>1 TL ger. Bio-Zitronenschale<br>125 g vegane Margarine in Stücken<br>1 Päckle Weinsteinbackpulver<br>1 ½ EL Weihnachtsgewürz*<br>30 g Kartoffelstärke<br>1 Prise Salz | zugeben und **10 Sek./St. 10** durchmixen. |
| Nussmehlmischung | hinzufügen. **20 Sek./St. 5-6 mithilfe des Spatels** vermengen. |

Je 1 EL Teig auf Lebkuchenoblaten setzen und im vorgeheizten Backofen bei **175° Umluft ca. 15 Min.** backen. Evtl. eine Backprobe durchführen.
Mit Kuvertüre oder Puderzuckerguss bestreichen.

Für uns die BESTEN Lebkuchen!

Wer grad keine Oblaten zur Hand hat, kann sie auch ohne backen. Dann sollten sie aber rundherum mit Kuvertüre oder Puderzuckerguss bepinselt werden.

Am besten ein Stück probebacken wegen des Auseinanderlaufens, aber eigentlich sind sie perfekt.
Ohne TM: gekochte Kartoffeln verwenden.

www.tierfreischnauze.de

Schokoladenbrot S.74

Inka-Lebkuchen S.75

Glühwein-Lebkuchen S.76

Amaranth-Kartoffel-Lebkuchen S.77

45 Min.    30 Min.

# *Chia-Lebkuchen zum Ausstechen*

1 EL Chiasamen
140 g Vollrohrzucker

im Mixtopf **10 Sek./St. 10** pulverisieren.

70 g Zuckerrübensirup
70 g vegane Margarine in Stücken

zufügen und **4 Min./50°/St. 2** schmelzen.

350 g Mehl
½ Päckle Weinsteinbackpulver
3 EL Kakao
1 ½ EL Weihnachtsgewürz*
ca. 35 g Wasser

zugeben. **1 Min./St. 6 mithilfe des Spatels** verkneten. Es sollte ein formbarer Teig entstanden sein.

SOFORT ausrollen und zügig ausstechen; je länger der Teig abkühlt, desto fester wird er. Ihr könnt auch Brezen oder Herzen formen – das geht auch noch, wenn der Teig zu fest geworden ist, aber bitte nicht zu dick.

Auf mit Backpapier ausgelegte Backbleche im vorgeheizten Backofen bei
**180°** Umluft **10-15 Min.** backen.
Ergibt 2-3 Bleche.

Nach Lust und Laune verzieren oder auch nicht.

Nach vollständigem Abkühlen (wundert euch nicht, die Teile sind hart wie Stein!) in eine Gebäckdose legen, **4-5 Apfelschnitze** in der Dose verteilen und
**3-4 Wochen** ruhen lassen.

Eigentlich hatten wir dieses Rezept schon aussortiert, da diese Lebkuchen am Anfang wirklich ungenießbar sind. Aber nach gewisser Ruhezeit und Apfelschnitze werden sie weich und entfalten ihr volles Aroma. Ausgestochene Formen (z. B. Lebkuchenmännchen) werden schneller weich als geformte (z. B. Herzen und Brezen).

# Schnelle Lebkuchenschnitten

15 Min.    30 Min.

150 g braunen Rohrohrzucker
1 TL getr. Nelken

    im Mixtopf **20 Sek./St. 10** pulverisieren. Umfüllen!

100 g Haselnüsse

    in den Mixtopf geben und **5 Sek./St. 10** mahlen.

150 g Zitronat/Orangeat
(ersatzweise 150 g getr. Aprikosen und je 1 EL ger. Bio-Zitronen-/Orangenschale verwenden)

    zugeben und je nach Früchte **8-15 Sek./St. 6** zerkleinern.

50 g Agavendicksaft
150 g neutrales Öl (z. B. Rapsöl)
1 Päckle Weinsteinbackpulver
1 TL Natron
1 EL frischen Zitronensaft
2 EL Vanillezucker
3 TL Weihnachtsgewürz*
250 g Soja- oder Nussdrink
200 g sprudeliges Mineralwasser
Nelkenpuderzuckermischung

    zufügen und **30 Sek./St. 6** mixen.

330 g Mehl
20 g Pfeilwurzelstärke

    **5 Sek./St. 5** einrühren.

Die Masse auf ein mit Backpapier belegtes Blech streichen und im vorgeheizten Backofen bei 200° Ober-/Unterhitze **ca. 20 Min.** backen.

Nach Wunsch verzieren oder glasieren, in kleine oder große Rechtecke schneiden und gut verschlossen kühl aufbewahren. Nach 2 Tagen entfalten diese Lebkuchenschnitten ihr vollstes Aroma. Frisch schmecken sie schon gut, aber nach 2 Tagen Kühlung HAMMER!!!

*Chia-Lebkuchen zum Ausstechen S.79 / Gewürzspekulatius S.67*

*Schnelle Lebkuchenschnitten S.80*

Fruit & Malt Loaf S.83

# Stollen & Früchtebrot

Knollen-Stollen und Konfekt S.88

⏱ 15 Min.   ⏱ 2 ¼ Std.

# *Fruit & Malt Loaf – englisches Früchtebrot*

20 g Datteln, entkernt
20 g getr. Cranberrys
20 g getr. Pflaumen
20 g getr. Aprikosen
20 g getr. Feigen

im Mixtopf **6 Sek./St. 8** zerkleinern – mit dem Spatel nach unten schieben.

150 g Rosinen
2 EL Golden Syrup (Alternative siehe Tipp)
50 g Vollrohrzucker
150 g starken Schwarztee alternativ Grüntee
90 g Malzextrakt

zugeben und **5 Sek./Linkslauf/St. 1** miteinander vermengen.

Mindestens **15 Min.** ruhen lassen, besser mehrere Stunden.

4 TL Weinsteinbackpulver
2 TL Pfeilwurzelstärke
125 g Dinkelmehl
125 g Dinkelvollkornmehl
2 TL Zimt (optional)
½ TL Salz

zufügen und **15 Sek./Linkslauf/St. 2,5** miteinander vermengen.

Den Teig in eine gefettete kleine Kastenform (10 x 20 cm) füllen und im vorgeheizten Backofen bei **180°** Ober-/Unterhitze **ca. 1 Std.** backen – Stäbchenprobe nicht vergessen.
Nach dem Backen mit Malzextrakt einreiben. In der Form auskühlen lassen.
Das Früchtebrot in Backpapier einwickeln und in eine luftdichte Box geben.
**Ein bis zwei Tage** ruhen lassen. Der Kuchen wird besser, je älter er ist.
Schmeckt besonders gut mit Marmelade zum Frühstück.

Tipp: Golden Syrup und Alternativen …
(englische Version – ist karamellig im Geschmack). Alternativ könnt ihr jeden anderen hernehmen. Kokosblütensirup oder Dattelsirup ist sicher auch eine tolle Alternative.
Wer gerne weiter englische Rezepte nachkochen/-backen mag, sollte sich allerdings englischen Golden Syrup aus Zuckerrohr besorgen!

*Dieser Kuchen ist Steve und Kathrin Smith gewidmet. Steve sagte beim Probieren:*
*"Schmeckt wie Weihnachten daheim in England."*

# Apfel-Früchtebrot

⏱ 20 Min.  ⏱ 2 ½ Std.

| | |
|---|---|
| 500 g Äpfel in Stücken<br>1 EL Weihnachtsgewürz*<br>150 g Vollrohrzucker<br>1 ½ EL Kakao<br>20 g braunen Rum (optional) | in den Mixtopf geben. **10 Sek./St. 5** zerkleinern. |
| 330 g Mehl<br>1 Päckle Weinsteinbackpulver | zugeben und **12 Sek./St. 5** rühren. |
| 1 Handvoll Trockenfrüchte nach Wahl<br>(Aprikosen, Feigen, Datteln, Pflaumen …)<br>130 g Rosinen oder Cranberrys<br>100 g ganze Haselnüsse | **15 Sek./Linkslauf/St. 2,5** mithilfe des Spatels unterkneten. |

Den Teig in eine gefettete Kastenform füllen. Im vorgeheizten Backofen, unterste Schiene, bei **175° Umluft ca. 1,5 Std.** backen.

Nach dem Abkühlen luftdicht verpacken und kühl gelagert durchziehen lassen.
Hält sich einige Wochen, schmeckt aber schon am nächsten Tag genial.

Apfelbrot zum Nachmittagskaffee oder zum Frühstück …
Pur oder mit Margarine, Marmelade, Schokocreme … Einfach lecker …

15 Min.   2 Std.

# Dattel-Schokoladenbrot

**5 g gemahlenen Leinsamen mit 50 g Wasser** in einer Schüssel für **ca. 5 Min.** quellen lassen.

100 g Datteln, entsteint
40 g Rosinen
50 g Cashew- oder Walnüsse
35 g vegane zartbittere Schokolade in Stücken

im Mixtopf **15 Sek./St. 5** zerkleinern.

130 g Dinkel- oder Weizenvollkornmehl
1 ½ TL Weinsteinbackpulver
1 Prise Salz
1 TL Weihnachtsgewürz*
130 g Mandel- oder Sojadrink
gequollenen Leinsamen

zugeben und **6 Sek./Linkslauf/St. 5** mithilfe des **Spatels** vermengen.

In eine mit Backtrenncreme eingestrichene oder gefettete Kastenform (ca. 15 bis 20 cm x 8 cm) füllen und im vorgeheizten Backofen bei **160°** Ober-/Unterhitze **ca. 1 Std.** backen.

Abgekühlt mit Puderzucker bestäuben und genießen.

Lecker nicht nur zum Adventssonntagskaffee ...

Wer noch keinen Vorrat hat, etwa 100 g Leinsamen ca. 1 Minute auf Stufe 10 mahlen und als Vorrat in ein Schraubglas füllen. Gerade in der vollwertigen Backstube ein toller Ei-Ersatz.

Apfel-Früchtebrot S.84

Dattel-Schokoladenbrot S.85

Feigen-Marzipan-Stollen ruck-zuck S.87

Vollkornstollen S.89

⏱ 25 Min.  ⏱ 2 Std.

# Feigen-Marzipan-Stollen ruck-zuck

150 g Mandeln
200 g getr. Feigen
200 g Marzipan*

                        im Mixtopf **10 Sek./St. 7** zerkleinern. Umfüllen.

155 g vegane Margarine in Stücken
270 g Soja- oder Lupinenjoghurt
140 g Rohrohrzucker
1 EL Weihnachtsgewürz*
1 EL ger. Bio-Orangenschale
1 EL ger. Bio-Zitronenschale
20 g Amaretto
¼ TL Salz

                        im Mixtopf **20 Sek./St. 6** vermischen.

500 g Mehl
1 ½ Päckle Weinsteinbackpulver
Nuss-Feigenmischung

                        zugeben und ca. **1,5 Min./Knetstufe mithilfe des Spatels** verkneten.

Alles auf eine bemehlte Arbeitsfläche schütten und mit der Hand noch mal durchkneten, evtl. mehr Mehl zufügen. Der Teig sollte weich sein, aber nicht mehr kleben.
Einen Stollen formen und im vorgeheizten Backofen bei **180° Ober-/Unterhitze 50-60 Min.** backen. Sofort mit

**50 g geschmolzener veganer Margarine**

bestreichen. Abkühlen lassen und mit
**viiiiieeeelll Puderzucker bestäuben.**

Dieser Stollen schmeckt uns am besten ganz frisch …

Auch lecker als Stollen-Konfekt.

# Knollen-Stollen und Konfekt (TM5)

⏱ 30 Min.   ⏱ 3 ½ Std.

250 g Kartoffeln in Stücken (roh)
    im Mixtopf **7 Sek./St. 5** zerkleinern.

200 g Vollrohrzucker
100 g neutrales Öl (Raps- oder Sonnenblume)
200 g Mandel- oder Sojadrink
140 g Mandeln
1 ½ Würfel Hefe
    einwiegen und **20 Sek./St. 6** verrühren.

20 g Rum
1 EL ger. Bio-Orangenschale
1 EL ger. Bio-Zitronenschale
1 Prise Salz
1 EL Weihnachtsgewürz*
4 EL Kartoffelstärke
ca. 700 g Mehl
    zufügen und **5 Min./Knetstufe** zu einem weichen,
    formbaren Teig verkneten. Evtl. Mehl zufügen.

100 g getr. Aprikosen in Würfelchen oder Zitronat/Orangeat etc.
150 g Rosinen
50 g Korinthen
    **Knetstufe/mithilfe des Spatels** einkneten.

Aus dem Teig 2 Stollen formen oder einen Stollen und Stollenkonfekt. Für das Konfekt einfach ca. 1 EL voll Masse abzupfen und auf mit Backpapier belegte Backbleche setzen. Zugedeckt an einem warmen Ort **gehen lassen**, bis alles schön aufgegangen ist. Das kann **ca. 2 Std.** dauern, da der Teig sehr schwer ist.
Im vorgeheizten Backofen bei **180°** Ober-/Unterhitze die Stollen **ca. 35-40 Min.** und das Konfekt **ca. 15-20 Min.** backen. Nicht zu lange, denn das macht das Gebäck trocken. Deshalb im Auge behalten …

Die Stollen mit
**75 g geschmolzener veganer Margarine** sofort nach dem Backen bepinseln und **viel Puderzucker**
dick von allen Seiten draufklopfen. Nach dem Abkühlen luftdicht verpacken und an einem kühlen Ort **ca. 3-4 Wochen** ziehen lassen.

Konfekt ebenso mit Margarine bepinseln und nach dem Abkühlen mit Puderzucker bestäuben und im Gegensatz zum Stollen frisch servieren.

Achtung: Für den TM31 sollte die Menge halbiert werden.

# Vollkornstollen

⏱ 45 Min.  ⏱ 12 Std.

**Am Vortag:**
100 g Mandeln
ger. Schale 1 Bio-Orange
ger. Schale 1 Bio-Zitrone
1 TL Weihnachtsgewürz*

im Mixtopf **4 Sek./St. 6** hacken.

300 g Rosinen
20 g braunen Rum
50 g Kokosblütensirup

zugeben und **5 Sek./St. 4** mischen, **über Nacht** ziehen lassen.

200 g vegane Margarine in Stücken
130 g Nuss-/Mandeldrink
1 ½ Würfel Hefe

in den Mixtopf geben und **5 Min./37°/St. 2** schmelzen.

250 g helles Dinkelmehl
250 g Dinkelvollkornmehl
30 g Kartoffelstärke
1 Prise Salz
ca. 70 g Kokosblütensirup, je nach Geschmack

zufügen und **5 Min./Knetstufe** kneten.

**Rosinenmischung**

**1 Min./Knetstufe** einrühren.

Aus dem Teig ein oder zwei Stollen formen (sollte er noch kleben, etwas Mehl zufügen) und auf ein mit Backpapier ausgelegtes Backblech legen. Abgedeckt so lange gehen lassen, bis sie schön aufgegangen sind, das kann bis zu **2 Std.** dauern.
Im vorheizten Backofen bei **180°** Umluft **60-75 Min.**, 2 Stollen **35-40 Min.** backen. Nicht zu lange, denn das macht das Gebäck trocken. Deshalb im Auge behalten ... Nach dem Backen mit

**100 g geschmolzener veganer Margarine** bestreichen und rundum dick **Puderzucker** draufklopfen.

Gut einpacken (z. B. in Pergamentpapier und drüber Alufolie), in einen luftdichten Behälter oder eine Tüte geben und an einem kühlen Ort ca. **4 Wochen** durchziehen lassen. ... Zwischendurch darf auch mal genascht werden ... yammi ...

Schokonüsse (Rentierkacke) S.92

Gebrannte-Sesam-Mandeln S.91

Pralinen

25 Min.   15 Min.

# Gebrannte-Sesam-Mandeln

200 g Mandeln mit Haut
10 g vegane Margarine
80 g brauen Zucker
½ TL Weihnachtsgewürz*

im Mixtopf
**10 Min./Varoma/Linkslauf/Sanftrührstufe**
schmelzen. Der Zucker muss komplett flüssig sein.

10 g Amaretto oder Wasser
2 EL Sesam

zugeben. Weitere
**10 Min./Varoma/Linkslauf/Sanftrührstufe**
verrühren.

Die Mandeln auf ein mit Backfolie belegtes Blech geben und im vorgeheizten Backofen bei **180° Umluft 15 Min.** kross backen.

Achtung!
Manche Zuckersorten schmelzen im TM nicht. Mit normalem weißen und braunen Haushaltszucker hatten wir nie Probleme, dagegen mit manchen Roh- und Vollrohrzuckersorten schon. In der Pfanne dagegen klappt es dann seltsamerweise.
Also im Notfall dann einfach alles in die Pfanne kippen und bei niedriger Temperatur karamellisieren ...

www.tierfreischnauze.de

# Schokonüsse (Rentierkacke)

⏱ 10 Min.  ⏱ 10 Min.

**100 g braunen Rohrohrzucker**
**1 EL Vanille- oder Tonkazucker\***

im Mixtopf **10 Sek./St. 10** pulverisieren.

In eine größere Schüssel mit Deckel füllen.

**300 g Haselnüsse oder Mandeln**
in einer Pfanne rösten, bis sie duften. Mit

**1 EL Puderzucker** (von dem hergestellten) bestreuen, kurz weiterrühren bis der Zucker schmilzt.
Von der Herdplatte nehmen und abkühlen lassen.

**50 g vegane zartbittere Schokolade oder andere nach Geschmack**
**½ TL Spekulatius- oder Weihnachtsgewürz\***

im Mixtopf ca. **3 Min./50°/St. 2** schmelzen.

**Geröstete Nüsse**

dazugeben und **2 Min./Linkslauf/St. 1** verrühren.

Die Schokonüsse sofort in die Schüssel mit dem Puderzucker füllen, Deckel schließen und schütteln. Fertig ist eure Rentierkacke …

## Trüffel-Eiskonfekt

⏱ 15 Min.  ⏱ 4 Std.

90 g veganes Nougat* in Stücken
30 g Marzipan*
170 g vegane zartbittere Schokolade in Stücken
Mark 1 Vanilleschote
1 Msp. Zimt
1 TL Weihnachts- oder Spekulatiusgewürz*
15 g Kokosfett
70 g Mandel- oder Sojacuisine
1 Prise Salz

im Mixtopf **10 Sek./St. 6** zerkleinern und ca. **5 Min./50°/St. 1** komplett schmelzen.

Die Masse in Pralinenförmchen füllen und bis zum Verzehr eingepackt tiefgekühlt lagern.

Nach Geschmack geriebene Bio-Orangenschale in die Masse geben.


## Rumbruchkugeln

⏱ 30 Min  ⏱ ca. 6 Std.

100 g vegane zartbittere Schokolade in Stücken

im Mixtopf **10 Sek./St. 7** hacken.

60 g Marmelade nach Wahl
80 g braunen Rum
75 g vegane Margarine in Stücken
ca. 400 g Keksbruch oder Kekse, die weg müssen

zufügen und **30 Sek./St. 5** vermischen.

In den Kühlschrank stellen und am besten dort vergessen …
Wenn ihr dann wieder dran denkt, ist die Masse schön fest und ihr könnt kleine Kugeln rollen.
Diese in **Schokostreuseln, Kokosflocken, Kakao etc.** wenden und kühl lagern.

Die Menge der Keksbrösel richtet sich nach der Kekssorte. Einfach soviel zugeben, bis eine feste Masse entstanden ist (klebt noch leicht). Am besten über Nacht ziehen lassen.
Den Rum könnt ihr auch durch Amaretto o. Ä. austauschen.

www.tierfreischnauze.de

*Trüffel-Eiskonfekt S.93*

*Rumbruchkugeln S.93*

*Beschwipste Bratapfel-Pralinen S.96*

*Beschwipste Cashew-Pralinen S.95*

# Beschwipste Cashew-Pralinen

⏱ 2 Std.   ⏱ 32 Std.

**Mind. 24 Std. vorher:**
**100 g Kirschwasser** mit
**1 TL Weihnachtsgewürz\*** (gefüllt in einen Teebeutel) ziehen lassen.

**Pralinenhohlkörper:**
**400 g vegane Bitterschokolade (72 % Kakaoanteil) in Stückchen**
im Mixtopf bei **50°/St. 1,5** schmelzen.
Das dauert je nach Schokoladensorte unterschiedlich lange.

Die flüssige Schokolade in ca. 30 Pralinenförmchen gießen und gut verteilen.
1-2 Min. warten, dann die überschüssige Schokolade vorsichtig wieder in den Mixtopf tropfen lassen. Diesen Vorgang 2-3 x wiederholen, bis eine ca. 2 mm dicke Wand entstanden ist. Damit die Schokolade währenddessen nicht fest wird, den TM bei 37° weiterlaufen lassen. Pralinenhohlkörper kalt stellen. Restliche Schokolade aufbewahren!!! Alternativ könnt ihr auch Hohlkörper kaufen.

**Fertigstellung:**
**200 g Cashews Natur**
im Mixtopf **45 Sek./St. 6** zerkleinern.
Mit dem Spatel nach unten schieben und
**4 Min./St. 4** einstellen.

**6 EL Kirschwassermischung**
**1 EL Vanillezucker**

während dieser Zeit hinzufügen.

**200 g Rohrohrzucker**
in einem Topf auf niedriger Flamme karamellisieren lassen.

Den TM mit der Cashewmasse auf **50°/St. 1,5** stellen. Wenn die Temperatur erreicht ist, das flüssige Karamell langsam durch die Deckelöffnung dazugeben.
So lange verrühren, bis eine zähfließende, weiche Masse entstanden ist. Evtl. mehr Kirschwassermischung oder auch Mandeldrink etc. zufügen. Die Masse in einen Spritzbeutel geben, kurz abkühlen lassen und in die vorbereiteten Pralinenhohlkörper bis kurz unter den Rand füllen.

Restl. Schokolade verflüssigen und die Pralinen damit verschließen. An einem kühlen Ort fest werden lassen und dann vorsichtig aus den Förmchen lösen.

www.tierfreischnauze.de

# Beschwipste Bratapfel-Pralinen

**Am Vortag für die Pralinenhohlkörper:**
**400 g Blockschokolade in Stückchen**
im Mixtopf bei **37°/St. 1,5** komplett schmelzen.

Die flüssige Schokolade in ca. 30 Pralinenförmchen gießen und gut verteilen.
1-2 Min. warten, dann die überschüssige Schokolade vorsichtig wieder in den Mixtopf tropfen lassen. Diesen Vorgang 2-3 x wiederholen, bis eine ca. 2 mm dicke Wand entstanden ist.
Damit die Schokolade währenddessen nicht fest wird, den TM bei 37° weiterlaufen lassen.
Pralinenhohlkörper kalt stellen. Restliche Schokolade aufbewahren!!! Alternativ könnt ihr auch Hohlkörper kaufen.

**Fertigstellung:**
**200 g Haselnüsse**
im Mixtopf **45 Sek./St. 6** zerkleinern.
Mit dem Spatel nach unten schieben und
**4 Min./St. 4** einstellen.

**6 EL Bratapfellikör**
während dieser Zeit hinzufügen.

**200 g Rohrohrzucker**
in einem Topf auf niedriger Flamme karamellisieren lassen.

Den TM mit der Haselnussmasse auf **50°/St. 1,5** stellen. Wenn die Temperatur erreicht ist, das flüssige Karamell langsam durch die Deckelöffnung dazugeben.
So lange verrühren, bis eine zähfließende, weiche Masse entstanden ist. Evtl. mehr Bratapfellikör oder auch Mandeldrink etc. zufügen. Die Masse in einen Spritzbeutel geben, kurz abkühlen lassen und in die vorbereiteten Pralinenhohlkörper bis kurz unter den Rand füllen.

Restl. Schokolade verflüssigen und die Pralinen damit verschließen. An einem kühlen Ort fest werden lassen und dann vorsichtig aus den Förmchen lösen.

Bei Klümpchenbildung die Nussmasse 10 Sek./St. 5 glatt rühren.

*Danke an Saskia für die Pralinen-Rezepte.*

# Frühstück

*Sternenstaubbrötchen S. 104*

*Bratapfel-StreuMix S. 98 / Punsch-Marmelade S. 98 / Orangen-Ingwer-Marmelade S. 99*

20 Min.   45 Min.

# Bratapfel-StreuMix

100 g Mandeln oder Nüsse nach Wahl
4 EL Sesam
in einer beschichteten Pfanne rösten, bis es duftet.

60 g braunen Zucker
1 TL ger. Bio-Orangenschale
½ TL Zimt
½ TL Weihnachtsgewürz*
zugeben. So lange verrühren bis der Zucker karamellisiert ist.
Diese gebrannte Nussmischung komplett abkühlen lassen.

15 g getrocknete Äpfel in Stückchen
gebrannte Nussmischung
etwas essbares Goldglitter (optional)

in den Mixtopf geben und ca. **5 Sek./St. 7** zerkleinern.

Lecker aufs Brot oder auf Kuchen oder über Eis oderoderoder …

20 Min

# Punsch-Marmelade

250 g Kirschen (Glas oder tiefgekühlt)
Saft ½ Orange
1 EL frischen Zitronensaft
250 g veganen Rotwein
40 g Amaretto
1 TL Weihnachtsgewürz*
250 g braunen Zucker
1 TL Agar Agar

im Mixtopf **10 Min./100°/St. 1** kochen. Bei tiefgekühlten Kirschen 12 Min.
**4 Sek./St. 6** zerkleinern.

Heiß in Schraubgläser füllen und verschließen. Ab und an umdrehen, damit sich die Kirschen nicht absetzen. Kühl lagern.

Bitte reines Agar Agar verwenden, achtet auf die Inhaltsangaben, keine Agartine oder Agaranta etc.

20 Min.

# Orangen-Ingwer-Marmelade

500 g Orangen ohne weiße Haut
Schale ½ Bio-Orange mit dem Sparschäler abgeschält
1 daumengroßes Stück Ingwer

    im Mixtopf **10 Sek./St. 6** zerkleinern.

250 g Gelierzucker 2 : 1

    dazugeben und nach Packungsanleitung bei **100°/St. 1,5** aufkochen.

Heiß in Schraubgläser füllen und verschließen. Kühl lagern.

1 Std.

# Walnuss-Kürbis-Marmelade

500 g Kürbisfleisch in Stückchen
250 g Rohrohrzucker
100 g Wasser
Saft ½ Zitrone

    in den Mixtopf geben und
    ca. **35-40 Min./Varoma/St. 1,5** einkochen.
    Gareinsatz als Spritzschutz auf den Deckel stellen.

50 g Walnüsse

    dazugeben und **10 Sek./St. 6** zerkleinern.

Heiß in Schraubgläser füllen und verschließen. Kühl lagern.

# Bratapfelmarmelade

⏱ 1 Std.  ⏱ 12 Std.

**Am Vortag:**
**80 g Trockenfrüchte** (Feigen, Cranberrys, Aprikosen, Pflaumen …)

im Mixtopf **5-7 Sek./St. 5** zerkleinern.
Nach unten schaben.

**80 g Rosinen**
**200 g Rum**

**10 Sek./Linkslauf/St. 2** einrühren.

Umfüllen und mindestens **12 Std.** ziehen lassen.

**80 g Mandeln**

im Mixtopf **5 Sek./St. 5** zerkleinern.

Die Mandeln in eine beschichtete Pfanne füllen und mit
**5 EL Golden Syrup** vermischen. Unter Rühren erhitzen und
etwa **10-15 Min.** karamellisieren lassen. Immer wieder umrühren.
Die karamellisierten Mandeln "verklumpen" keine Panik, das gehört so.
Zur Seite stellen.

**500 g Äpfel** mit Schale, in Stücken

im Mixtopf **8 Sek./St. 4** mithilfe des Spatels zerkleinern

**200 g Rohrohrzucker**
**¾ TL Agar Agar**
**2 EL frischen Zitronensaft**
**1 TL Bratapfelgewürz***

dazugeben und **13 Min./100°/Linkslauf/St. 2** kochen.

**Rumfrüchte inkl. Flüssigkeit**
**karamellisierte Mandeln**
**50 g Marzipan* in Stücken**

hinzufügen und weitere
**2 Min./100°/Linkslauf/St. 2** weiterkochen.

Heiß in Schraubgläser füllen und verschließen. Kühl lagern.

Anstatt Golden Syrup (gibt es inzwischen ganz oft im gut sortierten Supermarkt) kann auch 80 g weißer Zucker und 1 EL Wasser verwendet werden. Erst bei niedriger Temperatur verflüssigen, dann die gehackten Mandeln darin langsam karamellisieren.
Aufpassen, flüssiger Zucker wird schnell bitter.
Wenn grad kein Bratapfelgewürz zur Hand ist, kann auch Zimt verwendet werden.
Bitte reines Agar Agar verwenden, achtet auf die Inhaltsangaben, keine Agartine oder Agaranta etc.

- Walnuss-Kürbis-Marmelade S.99
- Bratapfelmarmelade S.100 
- Apfel-Zwiebelschmalz S.102
- Rühreyer S.103

## Apfel-Zwiebelschmalz

40 Min.  5 Std.

350 g Zwiebeln in Stücken
250 g Äpfel geviertelt
Saft 1 Zitrone
100 g Mandeln mit Haut
3 TL getr. Majoran
3 TL getr. Rosmarin
1 ½ TL Salz
1 TL Pfeffer

im Mixtopf **5 Sek./St. 5** zerkleinern.

Die Zwiebelmischung in einer Pfanne mit etwa
**35 g Kokosfett (geschmacksneutral)** ca. **10-15 Min.** anbraten.
Es sollte Röstaromen bilden, darf daher schon etwas bräunlich werden.

**250 g Kokosfett (geschmacksneutral)**
**60 g Olivenöl**

in den Mixtopf geben und
ca. **4 Min./Varoma/St. 1** verflüssigen. Die

**Zwiebelmischung**

dazugeben. **5 Sek./Linkslauf/St. 3** verrühren.

In saubere Gläser füllen und in den Kühlschrank stellen. Ab und an umdrehen während das Apfel-Zwiebelschmalz fest wird, damit sich das Fett nicht absetzt.

Hält sich im Kühlschrank mindestens 3 Wochen.

Da Schmalz beim Servieren traditionell extra gesalzen wird, waren wir jetzt vorsichtig mit dem Salz in diesem Rezept … das könnt ihr natürlich individuell anpassen.

Sehr lecker dazu schmeckt auch geräuchertes Paprikapulver.

# Rühreyer

⏱ 30 Min.  ⏱ 10 Min.

**200 g Seidentofu** in ein feines Sieb geben und **ca. 10 Min.** abtropfen lassen.

**1 Zwiebel in Stücken**
**1 rote Paprika in Stücken**
**1 EL (Raps-) Öl**

im Mixtopf **5 Sek./St. 4** zerkleinern.

Mit etwas Öl in einer Pfanne anbraten und umfüllen.

**200 g Tofu Natur oder je nach Geschmack geräuchert in Stücken**

im Mixtopf **5 Sek./St. 4** zerkrümeln.

In der Pfanne wird der abgetropfte Seidentofu bei leichter bis mittlerer Hitze so lange angebraten, bis die Flüssigkeit ziemlich verdampft ist. Nun gebt ihr den zerkleinerten Natur- oder Räuchertofu dazu und bratet alles knusprig an.
Eventuell 1 bis 2 EL mehr Öl dazugeben. Mit

**1/2 TL Pfeffer**
**1/2 TL Kurkuma**
**1/2 TL Kala Namak Salz**
würzen. Optional Kräuter nach Geschmack zufügen.

Die angebratene Zwiebel-Paprika-Mischung zum Tofugemisch geben und verrühren.
Ein bis zwei Minuten weiterbruzzeln lassen und anrichten.

# Sternenstaub-Brötchen

20 Min. | 1 Std.

500 g Mehl
150 g Soja- oder Mandeldrink
20 g Rapsöl
1 TL Salz
10 g Zuckerrübensirup
Mark ½ Vanilleschote
Hefe (siehe Tipp)
ca. 120 g Wasser

im Mixtopf **5 Min./Knetstufe** kneten. Der Teig sollte formbar sein und nicht kleben.
Je nach Mehlsorte die Wassermenge anpassen bzw. mehr Mehl zufügen.

Den Teig abgedeckt an einem warmen Ort so lange gehen lassen, bis er schön aufgegangen ist.

10-12 Brötchen formen, diese in **weißem Mehl** wälzen und auf ein mit Backpapier belegtes Blech oder gefetteten Backstein legen.
Einen Sternen-Plätzchenausstecher tief in die Mitte der Brötchen drücken.
Mit einem Tuch abdecken, kurz gehen lassen und derweil den Backofen auf
**180°** Ober-/Unterhitze vorheizen. Wenn die Temperatur erreicht ist, die Brötchen mit etwas Mehl bestäuben und **ca. 20 Min.** backen.

Hefe-Tipp:
Ihr könnt den Teig bereits am Vorabend vorbereiten und geschlossen in den Kühlschrank stellen, dafür verwendet ihr 10 g Hefe. Wenn ihr Zeit habt, dann nehmt ½ Hefewürfel, also ca. 20 g, und wenns schnell gehen soll einen kompletten Hefewürfel.

Zu süß oder salzig – sehr lecker …

⏱ 30 Min.

## Gesunde Chia-Pancakes

80 g Reis
150 Haferflocken

im Mixtopf **20 Sek./St. 10** zu Mehl mahlen.

50 g Kokosmehl
1 ½ TL Weinsteinbackpulver
½ TL Natron
2 EL Chiasamen
2 TL Kokosblütensirup
100 g Apfelmark
300 g Mandeldrink
175 g sprudeliges Mineralwasser
1 Prise Salz

zugeben und **2 Min./St. 3** zu einem nicht zu dicken Teig mixen.

Aus dem Teig, in einer beschichteten Pfanne, mit etwas Brat- oder Kokosöl Pancakes backen. Backofen auf ca. **50-100°** Umluft vorheizen und die bereits fertigen Pancakes im Backofen warmhalten, bis ihr sie servieren wollt.

Nach Gusto mit Marmelade, Ahornsirup, Schokocreme etc. servieren.

⏱ 30 Min

## Pfannkuchen (Crepes)

450 g Mehl
100 g Kartoffelstärke
750-1000 g sprudeliges Mineralwasser (je nachdem wie dick ihr den Teig mögt)
1 Päckle Weinsteinbackpulver
1 Prise Salz
2 TL Agavendicksaft

in den Mixtopf geben und **30 Sek./St. 5-6** verrühren. Teigkonsistenz anpassen.

Aus dem Teig, in einer beschichteten Pfanne, mit etwas **Bratöl** Pfannkuchen (Crepes) backen. Backofen auf ca. **50-100°** Umluft vorheizen und die bereits fertigen Pfannkuchen im Backofen abgedeckt warmhalten, bis ihr sie servieren wollt.

Nach Gusto mit Marmelade, Schokocreme etc. servieren.

*Gesunde Chia-Pancakes S.105*

*Pfannkuchen (Crepes) S.105*

*Orangen-Dattel-Vinaigrette* S.108

## Vorspeisen & Beilagen

*"Mozzarella"* S.109

# Orangen-Dattel-Vinaigrette (Salatsoße auf Vorrat)

🕐 10 Min.

200 g frisch gepressten Orangensaft
40 g frischen Zitronensaft
300 g milden Essig nach Wahl
150 g weiche Datteln, entsteint
1 ½ TL Kräutersalz
1 TL getr. Basilikum
½ TL ger. Bio-Zitronenschale
8 rote Pfefferkörner

in den Mixtopf geben. Wenn eure Datteln etwas härter sind lasst sie erstmal in diesem Sud 1-2 Std. quellen. Bei ganz weichen könnt ihr sofort weitermachen.
Den TM **langsam** hochdrehen und bei **St. 10/2 Min.** mixen.

**100 g hochwertiges Olivenöl**

zugeben und **30 Sek./St. 6** vermischen.

In einer Flasche im Kühlschrank aufbewahren. Hält sich mehrere Monate.

Ihr könnt auch nach eurem Gusto noch mehr Kräuter dazumixen, unsere Salatkräuter-Mischung von Band 2 macht sich darin sicher auch super.

Ganz toll passt hierfür auch Blutorangensaft.

20 Min.  4 Std.

# "Mozzarella"

150 g Kokosfett, geschmacksneutral

im Mixtopf **2 Min./90°/St. 1** schmelzen.

125 g Seidentofu
100 g Sojajoghurt
150 g Sojadrink
100 g Reisdrink
4-8 EL frischen Zitronensaft, je nachdem wie säuerlich ihr es mögt
2 ½ TL reines Agar Agar
¾ TL Salz

zugeben und **8 Min./100°/St. 3** aufkochen.
Die Masse sollte eine dickcremige Konsistenz haben.

In mit Frischhaltefolie ausgelegte Dessertringe oder kleine Formen füllen.
Mit einer Klammer verschließen und **mind. 4 Std.** kühlen.

Wer mag, kann ihn jetzt auch in Salzlake einlegen:
1 Liter kochendes Wasser, 30–50 g Salz unterrühren. Abkühlen lassen Mozzarella einlegen und im Kühlschrank lagern. Vor dem Genießen kurz mit kaltem Wasser abspülen – sonst eher salzig.

Uns schmeckt er am besten, wenn er einige Tage gereift ist.

Tomaten mit Mozzarella, steht nun nichts mehr im Wege …

# Salattorte

2 Std.   3 ½ Std.

**Brotboden:**
300 g Weizen- oder Dinkelvollkornmehl
½ Würfel Hefe
1 TL Salz
10 g Zuckerrübensirup
55 g Olivenöl
ca. 140 g Wasser

im Mixtopf **5 Min./Knetstufe** zu einem formbaren Brotteig kneten.

Den Teig in einer gefetteten Springform (ca. 25 cm) ausrollen und abgedeckt an einem warmen Ort **gehen lassen**, bis er schön aufgegangen ist.
Im vorgeheizten Backofen bei **200°** Umluft **ca. 20 Min.** backen. Stäbchenprobe!
Sofort mit einem Tuch abdecken, damit das Brot weich bleibt.
Nach **ca. 20 Min.** aus der Form lösen und auskühlen lassen. Mixtopf ausspülen und mit kaltem Wasser ausschwenken.

**Salatcreme:**
400 g kalte, ungesüßte pflanzl. Schlagcreme
2 Päckle Sahnesteif

in den Mixtopf geben und mit **Rühraufsatz St. 4 ohne Messbecher** steif schlagen. Gareinsatz als Spritzschutz auf den Deckel stellen. Umfüllen und kalt stellen.

400 g ungesüßte Quark-Alternative (z. B. Provamel-Sojaquark oder gut abgetropften Sojajoghurt)
2 Knoblauchzehen
2 Frühlingszwiebeln, nur das weiße Stück
1 ½ EL Zitronensaft
40 g Olivenöl
1 TL Meerrettich
ca. 2 TL Kräutersalz
etwas Pfeffer

im Mixtopf **25 Sek./St. 5** mixen.

Zu der Schlagcreme füllen und miteinander verrühren. Kalt stellen (wird im Kühlschrank noch fester).

**Karottenfüllung:**
350 g Karotten in Stücken
1 EL frischen Zitronensaft
ca. ¾ TL Kräutersalz
1 EL Hanfsamen oder Sesam

im Mixtopf **5 Sek./St. 5** zerkleinern.
Umfüllen.

**Rotkrautfüllung:**
350 g Rotkraut in Stücken
1 EL frischen Zitronensaft
ca. ¾ TL Kräutersalz
1 EL Sonnenblumen- oder Kürbiskerne

im Mixtopf **5 Sek./St. 5** zerkleinern.
Umfüllen.

**4 EL gehackte gemischte Kräuter** (z. B. Frühlingszwiebelgrün, Petersilie, Schnittknoblauch, Kresse …)
**1 Salatgurke in Scheiben**
**150 g gekochte Maiskörner** bereitstellen.

Den Brotboden mit einem scharfen Messer quer durchschneiden.
Das untere Teil auf eine Platte legen und einen Springformrand oder Tortenring anbringen!

Ca. 4 EL Salatcreme darauf streichen und mit 1 EL Kräutermischung bestreuen.
Karottenfüllung darauf verteilen.
Ca. 4 EL Salatcreme darauf streichen und mit 1 EL Kräutermischung bestreuen.
Gekochte Maiskörner darauf verteilen.
Gurkenscheiben fächerartig darüber schichten.
Ca. 4 EL Salatcreme darauf streichen und mit 1 EL Kräutermischung bestreuen.
Rotkrautfüllung darauf verteilen und mit den restlichen Kräutern bestreuen.
Brotdeckel aufsetzen und etwas fest drücken.
Tortenring vorsichtig lösen.

Die restliche Creme könnt ihr jetzt z. B. mit Roter Beete färben. Einfach ein Stückchen gekochte Rote Beete mit der Salatcreme auf **Stufe 5** durchmixen.
Die Salattorte mit der Creme zuspachteln und nach Lust und Laune verzieren.
**2 Std.** im Kühlschrank fest werden lassen und mit einem scharfen Messer anschneiden.

Etwas aufwändig, aber der Ahaaaaa-und-Ohoooooo-Effekt ist es wert!!!

Salattorte S.110

Topinambur-Apfel-Salat S.113

15 Min.

# Topinambur-Apfel-Salat

150 g Äpfel in Stücken
300 g Topinambur mit Haut (abgeschrubbt) in Stücken
100 g Haselnüsse
1 ½ TL Kräutersalz
25 g Haselnussöl
25 g Hafer- oder Dinkeldrink
10 g dunkler Balsamico-Essig
5 g Kokosblütensirup

im Mixtopf ca. **10 Sek./St. 4** zerkleinern.

Auf einem Teller anrichten und, wer mag, mit Balsamico-Creme und Haselnüssen garniert, servieren.
Mit einem leckeren Baguette eine tolle Vorspeise – oder eben als Beilagensalat.

Anstatt Kokosblütensirup schmeckt auch Apfeldicksaft bzw. Agavendicksaft sehr lecker dazu.
Auch mit Walnüssen und Walnussöl oder auch Hanföl sehr lecker.
Wir lieben die Kokosprodukte von Tropicai, der Kokosblütensirup ist ein ganz besonderer Sirup unter all den möglichen - und bei uns ständig leer ...

# Süßkartoffel-Salat

40 Min.

**700 g Süßkartoffeln, geschält und in Stücken**

im Mixtopf **5 Sek./St. 5** zerkleinern und in den Varoma füllen.

**500 g Wasser**

in den Mixtopf geben. Varoma aufsetzen und **20 Min./Varoma/St. 2** garen.

Mixtopf ausspülen. Süßkartoffeln in eine Salatschüssel füllen.

**1 große Zwiebel (ca. 200 g) in Stücken**
**1 geh. EL frischen Rosmarin**
**55 g Olivenöl**
**20 g weißen Balsamico (nur weißen Essig verwenden!)**
**1 TL Kräutersalz**
**etwas Pfeffer**
**½ TL Apfelsirup oder anderen Sirup**

im Mixtopf **5 Sek./St. 5** mixen.

Über die Kartoffeln gießen und vermischen.

Am besten noch lauwarm servieren.

*Süßkartoffel-Salat S.114*

*Orientalischer Petersiliensalat S.116*

# Orientalischer Petersiliensalat

⏱ 25 Min.

75 g feinen Bulgur
75 g Wasser

im Mixtopf **5 Min./100°/Linkslauf/St. 1** kochen.
**5 Min.** geschlossen quellen lassen. Umfüllen.

2 Bund glatte Petersilie (ca. 150 g)
1 Handvoll frische Minze
Dill nach Geschmack
1 große Tomate in Stücken
30 g Olivenöl
20 g Granatapfel-Essigsirup
ca. 1 TL Kräutersalz
etwas Pfeffer

in den Mixtopf geben und
**10 Sek./St. 4,5** zerkleinern.

**Kerne eines Granatapfels**
**gequollenen Bulgur**
unterheben.

Dieser leckere Salat hält sich im Kühlschrank 3-4 Tage.

Wie ihr schnell und einfach einen Granatapfel entkernt erfahrt ihr in unserem Video auf unserem Blog oder bei YouTube.

40 Min.  1 ¾ Std.

# Dattelröllchen mit Haydarı-Dip

**Ca. 250 g Auberginen** waschen und mit dem Sparschäler 20 lange Streifen abschälen. Die Auberginenstreifen mit **1 TL Salz** bestreuen, mischen und
**30 Min.** stehen lassen (inzwischen den Dip vorbereiten).
In einem Sieb abbrausen, vorsichtig ausdrücken und mit Küchenkrepp abtrocknen.

In einer Marinade aus
**1 TL Ketchup**
**1 TL Liquid Smoke-Konzentrat/Raucharoma**
**3 TL Öl**
**½ TL Paprikapulver geräuchert, scharf oder süß**
**ca. 1 Std.** einlegen.

**20 große, weiche, entsteinte Datteln** mit
**gerösteten Pinienkernen** und
**Cranberrys** füllen.

Einen Streifen Aubergine um eine Dattel wickeln und mit einem Zahnstocher fixieren. Auf ein mit Backpapier belegtes Blech legen und im vorgeheizten Backofen
**ca. 10-15 Min. bei 180°** Ober-/Unterhitze backen. Heiß servieren.

**Haydarı-Dip:**
**200 g Salatgurke in Stücken** im Mixtopf **2 Sek./St. 5** zerkleinern.

Die Gurkenstücke ins Garkörbchen (oder Sieb) schütten und mit der Hand den Saft ausdrücken.

**500 g Sojaquark oder Sojajoghurt (Letzteren am besten etwas abgetropft)**
**50 g Olivenöl**
**3 Knoblauchzehen**
**1 EL frische Dillspitzen**
**1 EL frische Minze**
**½ TL Kräutersalz**
in den Mixtopf geben und
**7 Sek./St. 5** mixen.

Mit Salz abschmecken und die Gurkenstückchen unterheben. Mit den frisch gebackenen Dattelröllchen servieren.

20 Min.  40 Min.

# Crunchy Blumenkohl

**1 Blumenkohl** in ca. 1 cm dicke Scheiben schneiden (Strunk mittig).
**1 Orange** in Scheiben schneiden.

Marinade:
1 Handvoll Petersilienblättchen
2 Knoblauchzehen
Saft 1 Zitrone
2 TL Senf
1 TL Isot (geröstete Paprikaflocken)
1 ½ TL Meersalz
2 EL Orangen-Dattel-Vinaigrette*
2 EL Kokosblütensirup
100 g Öl (Raps, Sonnenblume …)
                                im Mixtopf **4 Sek.** /**St. 5** vermischen.

Ein Backblech mit Backpapier auslegen. Das Backpapier mit Marinade einpinseln, die Blumenkohlscheiben darauf legen und die restliche Marinade darüber verteilen. Mit Orangenscheiben belegen.

Im vorgeheizten Backofen bei **160°** Umluft ca. **30-40 Min.** garen.

Am besten ihr nehmt hierfür einen kleineren Blumenkohl, dieser lässt sich besser schneiden.

Anstatt unserer Orangen-Dattel-Vinaigrette könnt ihr auch jede andere fruchtige Vinaigrette verwenden, z. B. Nectar Dream von Tropicai.

# Gerösteter Rosenkohl

20 Min. | 20 Min.

**Ca. 500 g Rosenkohl, halbiert**
in eine Schüssel füllen.

**40 g Olivenöl**
**1 EL Senf**
**1 TL Kräutersalz**
**2 Knoblauchzehen**
**1 TL frischen Rosmarin**
**1 EL Apfelsirup**
**Saft 1 Orange**
**ger. Schale 1 Bio-Orange**

im Mixtopf **10 Sek./St. 4** mischen.

Die Marinade über die Rosenkohlhälften geben und vermischen.

Mit der Schnittstelle nach unten auf ein leicht geöltes Backblech legen.

Im vorgeheizten Backofen bei **180°** Umluft ca. **20 Min.** backen.

# Fruchtiges Rotkraut

⏱ 1 Std. 20 Min.

550 g Rotkraut in Stücken

    im Mixtopf **4 Sek./St. 5** zerkleinern und umfüllen.

1 Zwiebel in Stücken
30 g Olivenöl

    in den Mixtopf geben und **4 Sek./St. 5** zerkleinern. **3 Min./Varoma/St. 1** dünsten.

2 Äpfel geviertelt

    zugeben und **8 Sek./St. 4** zerkleinern.

120 g frischen Orangensaft
130 g Wasser
20 g frischen Zitronensaft
30 g Apfelsirup oder anderen
1 EL Suppengrundstock/-pulver
1 Lorbeerblatt
3 Wacholderbeeren
ca. ½ TL Kräutersalz
zerkleinertes Rotkraut

    dazufüllen. **30 Sek./Linkslauf/St. 3** vermischen.
    **60 Min./100°/Linkslauf/St. 1** garen.
    Abschmecken.

Das Rezept für unseren tollen Suppengrundstock findet ihr in Band 1 oder in unserem Blog www.tierfreischnauze.de.

*Dattelröllchen mit Haydari-Dip* S.117

*Crunchy Blumenkohl* S.118

*Gerösteter Rosenkohl* S.119

*Fruchtiges Rotkraut* S.120

# Scharfe Erdnusssuppe

🕐 45 Min.

**100 g geröstete Erdnüsse (ungesalzen)**

> im Mixtopf **3 Sek./St. 5** hacken.
> Etwa ¼ davon für die Deko umfüllen.

**1 Zwiebel in Stücken**
**1 EL Erdnussöl**

> zugeben und **3 Sek./St. 4** zerkleinern.
> **7 Min./Varoma/St. 1 ohne Messbecher** anbruzzeln.

**250 g Kartoffeln in Stücken**
**250 g Kürbis in Stücken**

> einwiegen. **5 Sek./St. 5** zerkleinern.

**500 g Wasser**
**2 EL Suppengrundstock/-pulver**
**1 TL Ingwergrundstock oder 1 cm Stück frischen Ingwer**
**ca. 1 ½ TL Salz**
**½ TL Pfeffer**

> dazugeben und **10 Min./100°/ St.1** kochen.

**250 g Soja- oder Hafercuisine**
**1 TL Paprikapulver scharf**
**2 EL Weißweinessig oder weißen Balsamico Essig**

> zufüllen und **3 Min./90°/ St. 2-3** aufkochen.
> **10 Sek./St. 6** pürieren.

Ein paar Minuten ziehen lassen ...
Die Suppe in Suppenteller/ Rotweingläser verteilen und mit
**6 EL Schnittlauchröllchen** und den restlichen Erdnüssen garnieren.

# Maronensuppe

⏱ 1 Std. 15 Min.

500 g Maronen
kreuzweise mit einem Messer einritzen und ins Garkörbchen legen.

600 g Wasser
in den Mixtopf füllen, Garkörbchen einhängen und **25 Min./Varoma/St. 1** kochen. Abgießen!
Maronen schälen und in den Mixtopf geben.

1 Zwiebel in Stücken
250 g Karotten in Stücken
20 g Nussöl
zugeben. **10 Sek./St. 5 mithilfe des Spatels** zerkleinern.

1 geh. EL Suppengrundstock/-pulver
1 Prise Muskat
etwas Pfeffer
800 g Wasser
auffüllen und **25 Min./90°/St. 2** kochen. Mit

Kräutersalz
1-2 EL frischen Zitronensaft
100 g Mandelcuisine
abschmecken und **20 Sek./St. 6-7** pürieren.

Wenn die Suppe nachdickt, mit etwas Wasser verdünnen.
100 g Wasser können auch durch veganen Weißwein ausgetauscht werden.
Mit Schnittlauchröllchen und paar Tröpfchen Nussöl oder Mandelcuisine anrichten.

www.tierfreischnauze.de

# Kräuter-Tofu-Bällchen in Gemüsebrühe

⏱ 40 Min.

**50 g frische Champignons**
oder 15 g getrocknete Pilze (in lauwarmem Wasser eine halbe Std. einweichen)
**2 Schalotten**
**3 EL Öl**
**40 g Petersilienblättchen**
**25 g Kräuter** (Kräuter der Saison oder Spinat etc.)
**200 g Räuchertofu in Stücken**

im Mixtopf **8 Sek./St. 8** zerkleinern.

**ca. 40 g Semmelbrösel**
**1 TL Kräutersalz**
**¾ TL Pfeffer**

dazugeben und **5 Sek./St. 2** vermengen. Der Teig sollte ziemlich fest sein, evtl. mehr Semmelbrösel zufügen.

Aus der Masse ca. 20 kleine Knödelchen formen.

Ca. 1 Liter Gemüsebrühe (z. B. mit unserem leckeren Suppengrundstock-Rezept von Band 1 oder im Blog www.tierfreischnauze.de) zum Kochen bringen.

Die Klößchen hinein geben und **7-8 Min.** bei niedriger Hitze ziehen lassen.

*Scharfe Erdnusssuppe S.122*

*Maronensuppe S.123*

*Kräuter-Tofu-Bällchen in Gemüsebrühe S.124*

Gemüse-Hackbraten S. 138

Braten-"Rahm"-Soße

## Hauptgerichte & drumherum

# Braten-"Rahm"-Soße

⏱ 35 Min.

**1 Zwiebel in Stücken**
**1 Knoblauchzehe**

im Mixtopf **5 Sek./St. 5** zerkleinern.
**2 EL Öl** in einer Pfanne erhitzen und die Zwiebelmasse gut anbruzzeln.

**1 Karotte in Stücken**
**200 g Champignons**

im Mixtopf **2-3 Sek./St. 5** zerkleinern.
Zu der Zwiebelmasse geben und dunkel anbraten.

**100 g Tomatenmark (2 geh. EL)**
einrühren und kurz mitbraten.

**1 EL frischen Rosmarin gehackt oder 1 TL getr.**
**½ TL gem. Kümmel**
**1 TL Curry** (leckerstes Currypulver zum Selbermixen in unserem Band 2)
**1 TL Paprikapulver süß**
**½ TL Pfeffer**
**2 TL Kräutersalz**
**2 Lorbeerblätter**
**1 TL Zuckerrübensirup oder braunen Rohrohrzucker**
**250 ml veganen Rotwein**

zugeben und einkochen lassen. Ab und zu umrühren!

**250 g Sojacuisine**
einrühren und evtl. bis zur gewünschten Konsistenz etwas Wasser zufügen. Mit

**Liquid Smoke-Konzentrat/Raucharoma** abschmecken.

Nach Geschmack pürieren.

Hammerleckere Soße zu Braten, Spätzle, Knödel etc.

# Zwiebelsoß'

🕐 35 Min.

500 g Zwiebeln geviertelt
80 g Öl

im Mixtopf **7 Sek./St. 4** grob zerkleinern.

Alles in eine Pfanne schütten.

1 EL frischen Rosmarin, gehackt
2 Knoblauchzehen, klein gewürfelt

zugeben und alles **hellbraun** anbraten.

**5 Karotten in Scheiben geschnitten** zu den Zwiebeln geben und alles zusammen schön weiter anrösten, bis es anfängt dunkel zu werden.

1 EL Mandelmus
2 EL Bratensoßenpaste/- pulver
1 TL geräuchertes Paprikapulver
250 g Hafercuisine
ca. 250 g Wasser
½ TL ger. Bio-Zitronenschale
1 TL frischen Zitronensaft
zugeben, verrühren und **ca. 5 Min.** köcheln lassen, evtl. Wasser nachgießen.

1 EL geschälte Hanfsamen
1 EL Hefeflocken
einrühren und mit

1-2 TL Kräutersalz
etwas Pfeffer
abschmecken.

Zu Braten, Spätzle, Knödel etc.

Das Rezept für unsere geniale Bratensoßenpaste findet ihr in Band 1 oder in unserem Blog.

⏱ 25 Min.

# Orangen-Mohn-Soße

60 g Mohn
20 g Kokosblütenzucker oder braunen Zucker

    im Mixtopf **30 Sek./St. 8** mahlen.

600 g frisch gepressten Orangensaft

    zufüllen und **5 Min./100°/St. 1** kochen.

70 g vegane Margarine in Stücken
2 EL Lupinenmehl
2 EL Kartoffelstärke
1 TL Salz
½ TL gemahlener Pfeffer
200 g Mandelcuisine

    zugeben. **12 Min./100°/St. 1** kochen.
    **5 Sek./Linkslauf/St. 5** aufmixen.

Eine etwas andere Soße zu Braten, Gemüse, Knödel etc.

⏱ 15 Min

# Erdnusssoße

100 g Wasser besser ist
Garwasser vom eventuellen vorherigen Gemüsegaren
60 g vegane Margarine
250 g Sojacuisine
3 EL Erdnussmus
½ TL Paprikaflocken scharf
1 TL Senf mittelscharf
1 TL Meerrettich (optional)
10-15 g frischen Zitronensaft
1 EL Lupinenmehl
1 TL Mehl
ca. ½ TL Salz
etwas Pfeffer

    in den Mixtopf geben. **6 Min./100°/St. 2,5** kochen.

1 EL Edelhefeflocken

    **5 Sek./St. 2-3** untermischen.

Extrem lecker zu Braten, Gemüse, Kartoffeln, Nudeln, Reis …

www.tierfreischnauze.de

*Orangen-Mohn-Soße S.129*

*Erdnusssoße S.129*

*Zwiebelsoß' S.128*

*Kartoffelklöße halb halb S.131*

# Kartoffelklöße halb halb

**500 g Kartoffeln in Stücken**

ins Garkörbchen geben.

**1000 g Wasser**

auffüllen und Garkörbchen einhängen.
**30 Min./Varoma/St. 2** weichkochen.

Noch heiß durch eine Kartoffelpresse drücken, in eine größere Schüssel füllen und komplett abkühlen lassen.

**500 g Kartoffeln in Stücken**

im Mixtopf **5 Sek./St. 5** zerkleinern. Mit dem Spatel nach unten schieben und nochmal **2 Sek./St. 5** zerkleinern.

Die Kartoffeln in das Garkörbchen schütten, am besten überm Spülbecken, und mit der Hand gut ausdrücken. Zu den gekochten Kartoffeln geben.

**1 TL Salz**
**1 Prise Muskat**
**ca. 200 g Stärke (siehe Tipp)**

zugeben und mit der Hand gut vermengen. Nach Bedarf Stärke zufügen und abschmecken.

Aus der Masse ca. 8 Knödel formen. In einem großen Topf gesalzenes Wasser zum Kochen bringen und die Klöße **siedend** solange garen, bis sie oben schwimmen.

Tipp:
Normalerweise wird Kartoffelstärke verwendet. Uns wird das manchmal aber zu gummig und deshalb verwenden wir oftmals normale Speisestärke.

Auch die Sorte der Kartoffeln ist entscheidend für die Endkonsistenz.
Wir verwenden am liebsten vorwiegend festkochende.

Natürlich könnt ihr die Klöße auch ca. 30 Min./Varoma/St. 2 im Varoma garen, aber da seht ihr leider nicht wirklich ob sie gar sind und sie werden dann eher platt.

⏱ 1 ¼ Std.   ⏱ 45 Min.

# Hefebrezenknödel

4 Brezen in Stücken                         im Mixtopf **5 Sek./St. 10** zerkleinern und in
                                            eine große Schüssel füllen.
400 g Dinkelmehl
80 g vegane Margarine in Stücken oder 60 g neutrales Öl
½ Würfel Hefe oder 1 Päckle Trockenhefe
1 TL Salz
175 g lauwarmes Wasser                      in den Mixtopf geben und
                                            **5 Min./Knetstufe** kneten.

Eine Kugel formen und abgedeckt **ca. 30 Min.** an einem warmen Ort gehen lassen. Mixtopf säubern und
1 Zwiebel in Stücken
4 EL grob zerkleinerte frische Kräuter (Petersilie, Schnittlauch)
2 EL neutrales Öl                           in den Mixtopf geben und **3-4 Sek./ St. 5**
                                            zerkleinern. **5 Min./Varoma/St. 1** ohne Messbecher
                                            anbruzzeln.

Zwiebel-Kräuter-Gemisch unter die zerkleinerten Brezen in die Schüssel geben und vermengen.

Hefeteig
Brezenteig                                  in den Mixtopf geben. **7 Min./Knetstufe** zu einem
                                            festen Teig verkneten.

Den **Teig zu einer Kugel formen** und abgedeckt weitere **15 Min.** gehen lassen.
Mixtopf säubern.
Mit feuchten Händen 16 Knödel formen und in den eingefetteten Varoma und Einlegeboden legen. Wenn der Teig zu trocken sein sollte, etwas Wasser zugeben.

600 Wasser                                  in den Mixtopf füllen.
1 TL Salz, 1 Zweig Rosmarin                 dazugeben (aromatisiert den Dampf).
                                            Varoma aufsetzen und
                                            ca. **30 Min./Varoma/St. 2** garen.
                                            Garprobe machen!

Trockenhefe ist milder als frische Hefe, daher hier sehr gut geeignet.
Kräuter im Winter entweder im Topf besorgen oder tiefgekühlt verwenden.
Sehr gut zur Resteverwertung, gerade über die Feiertage.
Anstatt Brezen könnt ihr auch 4 Semmeln verwenden.

30 Min.    1 Std. 20 Min.

# *Kartoffelspiralen-Gratin*

Mit einem Spiralschneider
**800 - 1000 g geschälte Kartoffeln** zu Spiralen/Spaghetti drehen.
Alles schön in einer gefetteten Auflaufform verteilen.

**Die anfallenden Kartoffelreste** in den Mixtopf geben.

1 große Zwiebel in Stücken
2-3 Knoblauchzehen
250 g Hafercuisine
250 g Soja- oder Lupinenjoghurt
1 EL Hefeflocken
30 g vegane Margarine
1 TL Paprikapulver süß
ca. 2 ½ TL Kräutersalz
½ TL ger. Bio-Zitronenschale
etwas Pfeffer
Kräuter nach Wahl (optional) z. B. Rosmarin, Petersilie...
zugeben und **6 Sek./St. 5** zerkleinern.

Die Soße abschmecken, über die Kartoffelspiralen gießen und vermischen.
Nun könnt ihr es so lassen (paar "Butter"- Flöckchen darauf) oder ihr gebt Hefeschmelz (da findet ihr verschiedene Rezepte in unseren Büchern oder im Blog) oder veganen (Streu-)Käse darüber.

Im vorgeheizten Backofen bei **175°** Ober-/Unterhitze ca. **1 Std.**, evtl. länger, backen. Es sollte schön gebräunt und die Kartoffeln durch sein.
Wenn es zu braun werden sollte, einfach mit Backfolie etc. abdecken.

Das Gratin im ausgeschalteten Backofen etwas abkühlen lassen, dann wirds schnittfester.
Passt sehr gut zu Rosenkohl.

Wir verwenden hierfür den Spiralschneider von Lurch.

Die Kartoffeln können natürlich auch fein gehobelt werden.

⏱ 30 Min.

# Perfekte Spätzle

380 g Spätzlemehl ersatzweise Type 550
80 g Kartoffelstärke
60 g Hartweizengrieß
15 g Öl
1 TL Salz
20 g Lupinenmehl
ca. 550 g Wasser            in den Mixtopf geben. **20 Sek./St. 6**
                            verrühren. Je nach gewünschter Spätzleform
                            die Wassermenge anpassen.

Den Teig durch ein Spätzlesieb, Spätzledrucker, Spätzlehobel o. Ä. in kochendes Salzwasser streichen, drucken, hobeln … Kurz aufkochen, bis die Spätzle oben schwimmen und mit einer Schaumkelle abschöpfen.
Kurz abschrecken, dann kleben sie nicht so aneinander.

⏱ 50 Min   ⏱ 35 Min

# Grießsterne

250 g Hartweizengrieß
1 L Mandel- oder Sojadrink, zimmerwarm
25 g Lupinenmehl
1 EL Hefeflocken
1 TL Kräutersalz
1 Msp. Muskat
30 g Rapsöl                 in den Mixtopf geben. **11 Min./100°/St. 2,5**
                            kochen. **2 Min.** verschlossen nachquellen lassen.

Die Grießmasse mit einem feuchten Silikonspatel ca. 1 cm dick auf ein Blech oder Brett streichen. **Ca. 20 Min.** abkühlen und fest werden lassen.
Einen Sternenausstecher o. Ä. in Mehl tauchen, Plätzchen ausstechen und auf mit Backpapier belegte Backbleche legen. Teigreste könnt ihr mit bemehlten Händen zu einer Rolle formen und Scheiben abschneiden, evtl. mit einer bemehlten Gabel Rillen eindrücken (wie bei Gnocchi). Mit **Olivenöl** bepinseln und im vorgeheizten Backofen bei **200°** Umluft goldgelb **ca. 15 Min.** backen.
Vor dem Servieren mit frisch gehackten Kräutern oder Petersilie bestreuen.

Eine tolle Beilage zu Braten, Soße, Gemüse, Salat … Auch als Hauptgericht z. B. mit unserer Linsenbolognese (Band 2) o. Ä. sehr zu empfehlen.

Hefebrezenknödel S.132

Kartoffelspiralen-Gratin S.133

Perfekte Spätzle S.134

Grießsterne S.134

45 Min.   45 Min.

# Nussbraten in Blätterteig

100 g Mandeln
100 g Cashews Natur
100 g Haselnüsse
100 g Walnüsse                   im Mixtopf **8 Sek./St. 10** mahlen und umfüllen.
250 g Zwiebeln in Stücken
2 Knoblauchzehen
1 TL Ingwergrundstock oder ger. frischen Ingwer
20 g Rapsöl                      in den Mixtopf füllen und **5 Sek./St. 5** zerkleinern.

In einer Pfanne mit reichlich Öl hellbraun anbraten.
**1 EL Tomatenmark** zugeben und kurz mitbruzzeln. Mit
**50 g Rotwein** ablöschen. Wenn die Flüssigkeit verdampft ist die
**Nussmischung** dazugeben und solange rösten, bis sie duftet.
Die Masse etwas abkühlen lassen.

100 g getr. Tomaten              im Mixtopf auf **St. 6,5** hacken.
                                 Je nach Härte der Tomaten dauert das
                                 unterschiedlich lange. Die
**Nussmasse**
1 TL getr. Oregano
1 TL getr. Basilikum
½ TL ger. Bio-Zitronenschale
½ TL ger. Bio-Orangenschale
1 EL Hefeflocken
1 TL Paprikapulver süß
5-6 Tropfen Liquid Smoke-Konzentrat/Raucharoma
1 ½ TL Kräutersalz
¼ TL Pfeffer
2 TL Johannisbrotkernmehl
50 g Semmelbrösel
30 g Mandel- oder Sojacuisine    zugeben und **10 Sek./St. 5** mithilfe des
                                 **Spatels** vermischen. Abschmecken.

**500 g veganen Blätterteig (mit Deko etwas mehr)**
auf bemehlter Arbeitsplatte ausrollen (ca. 40 x 35 cm) und auf ein mit Backpapier ausgelegtes Blech legen.

250 g frischen Blattspinat oder Mangold (ohne Stiele, da diese sonst durchstechen) auf dem Blätterteig verteilen. Am Rand oben etwas frei lassen. Die Nussmasse auf den Spinat drücken.

1 Karotte in Würfelchen
1 Apfel in Würfelchen
quasi als Füllung einen dicken Längsstreifen mittig auf die Nussmasse setzen und mit
3 EL Mandel- oder Sojacuisine beträufeln.

Vorsichtig zu einer Rolle formen und zurechtdrücken. Mit
3 EL Mandel- oder Sojacuisine bestreichen und nach Geschmack verzieren (Apfelringe, aus Blätterteig ausgestochene Sterne etc.)

Im vorgeheizten Backofen bei **175°** Umluft **ca. 30 Min.** backen.
Mit einem Tuch abdecken und etwas abkühlen lassen.
Zum Servieren in Scheiben schneiden.

Zu diesem tollen Braten reicht ein bunter Salat vollkommen und vielleicht ein Sößle (z. B. Orangen-Mohn-Soße*) nach eurer Wahl …

⏱ 1 Std.   ⏱ 1 ½ Std.

# Gemüse-Hackbraten mit Fächerkartoffeln

500 g frische Champignons, nicht gewaschen, nur gebürstet

          im Mixtopf **10 Sek./St. 4** mithilfe des Spatels zerkleinern.
          In eine große Schüssel füllen.

220 g gekochte Kidneybohnen oder Kichererbsen

          in den Mixtopf geben und ca. **10 Sek./St. 8** pürieren.
          Evtl. dazwischen runterschaben.
          Zu den Champignons in die Schüssel füllen.

325 g (rote) Zwiebeln in Stücken
3 Knoblauchzehen
1 EL frischen Rosmarin
1 Karotte in Stücken
20 g Raps- oder Sonnenblumenöl

          im Mixtopf **7 Sek./St. 5** zerkleinern.

In einer Pfanne **mit reichlich Öl** ziemlich dunkel rösten und ebenso in die Schüssel füllen.

1 kleine rote Paprika in Würfelchen
3 EL gekochte Maiskörner (Glas, Dose)
1 TL Paprikapulver süß
1 TL Paprikapulver geräuchert
1 TL getr. Thymian
1 TL getr. Oregano
1 EL frische Petersilienblättchen, gehackt
½ TL Currypulver
ca. ½ TL Pfeffer
ca. 2 TL Kräutersalz
3 geh. EL Lupinenmehl ersatzweise Maismehl
3 geh. EL Speisestärke

dazugeben.

Jetzt soviel
**Semmelbrösel wie nötig (ca. 200 g)**
mit der Hand einkneten.
Der Teig sollte formbar sein und nicht mehr kleben. Spart nicht an Semmelbröseln!

Formt am besten erst mal ein kleines Bällchen und bratet es in der Pfanne. Sollte es innen noch matschig sein, knetet mehr Semmelbrösel dazu. Masse abschmecken.

Die Masse in einen leicht geölten Bräter füllen und im vorgeheizten Backofen bei **200°** Ober-/Unterhitze **45 Min.** mit Deckel backen.
Deckel abnehmen und weitere **30 Min.** fertig backen. Stäbchenprobe!

Vor dem Anschneiden etwas abkühlen lassen. Je länger, desto schnittfester.

**Hierzu passen sehr gut Fächerkartoffeln.**
Geschälte Kartoffeln zwischen 2 Schneidebrettern legen und mehrmals einschneiden. Das Schneidebrett verhindert, dass ihr die Kartoffeln komplett durchschneidet. Mit einer Ölmischung (z. B. Öl, Rosmarin, Sesam, Knoblauch) bepinseln und im Backofen bei 200° backen. Zum Schluss salzen.

Gemüseeinlage und Gewürze lassen sich hier wunderbar variieren, auch
sehr lecker mit getrockneten Tomaten und veganem Käse … Ingwer, Cumin etc.
Seid kreativ …

Sollte euch der Braten dennoch mal zu weich sein, könnt ihr ihn einfach wieder "zusammenhauen" und mehr Semmelbrösel einrühren. Danach einfach nochmal backen.

# Linsen-Bratenmedaillons

🕐 1 Std.   🕐 10 Std.

**150 g Berglinsen** über Nacht in reichlich Wasser einweichen.
Abgießen und in den Mixtopf füllen.
**1000 g Wasser**
**2 EL Suppengrundstock/-pulver**
**2 Lorbeerblätter**  zugeben und **20 Min./100°/Linkslauf/Sanftrührstufe** kochen.

**130 g Hirse, gewaschen**  dazugeben.
**10 Min./100°/Linkslauf/Sanftrührstufe** kochen.
Flüssigkeit abgießen und die Linsen-Hirsemasse in eine große Schüssel umfüllen.

**50 g Walnüsse (optional davon 10 g Pinienkerne)**
**1 rote Zwiebel in Stücken**
**60 g Champignons**
**2 EL Ingwergrundstock oder ger. frischen Ingwer**
**2 Knoblauchzehen**
**50 g Sonnenblumenöl**
 **8 Sek./St. 6** zerkleinern. **5 Min./Varoma/St. 2** ohne Messbecher andünsten.

**170 g (kernige) Haferflocken**
**3 EL Bratensoßenpaste/-pulver**
**50 g Tomatenmark**
**1 TL Rauchsalz**
**1 TL Liquid Smoke-Konzentrat/Raucharoma (optional)**
**1 TL Senf**
**3 EL Sojasoße**
**2 EL geschälte Hanfsamen**
**2 geh. EL Johannisbrotkernmehl oder Guarkernmehl**
**3 EL Hefeflocken**
**1 EL Melasse oder Zuckerrübensirup**
**3 EL Vleischgewürz (Band 2 oder jedes andere Grillgewürz)**
**2 EL frische Kräuter (Rosmarin, Thymian, Oregano) oder 4 EL getrocknet.**
 zugeben und **20 Sek./St. 5** vermengen.

Zu der Linsen-Hirsemasse füllen und mit den Händen verkneten. Mit **Salz und Pfeffer** abschmecken und in gefettete (Muffin-)Förmchen füllen. **Eingeölte, dickere Zwiebelscheiben** darauf verteilen. Im vorgeheizten Backofen
ca. **20 Min.** Ober-/Unterhitze **190°** backen. **15 Min.** im Ofen abkühlen lassen …
Das Christkind kann kommen …

# Grünkern-Bratenmedaillons

⏱ 30 Min.   ⏱ 1 ¼ Std.

200 g Grünkern

    im Mixtopf **8 Sek./St. 10** schroten. Umfüllen.

2 Zwiebeln in Stücken
1 Knoblauchzehe
2 Karotten in Stücken
1 Stange Lauch in Stücken
30 g Olivenöl

    in den Mixtopf geben und **6 Sek./St. 5** zerkleinern.
    **6 Min./Varoma/St. 1,5** dünsten.

Grünkernschrot
30 g Sonnenblumenkerne
1 EL Kichererbsenmehl
1 EL geschälte Hanfsamen
400 g Wasser
2 EL Suppengrundstock/- pulver

    zugeben und **15 Min./100°/Linkslauf/St. 2** garen.
    Ca. **15 Min.** quellen lassen, Flüssigkeit sollte aufgesogen sein.

40 g Vollkornsemmelbrösel
ca. ½ TL Salz /Rauchsalz
½ TL Pfeffer
1 Msp. Muskat
1 EL frischen Thymian oder 1 TL getr.
1 EL frischen Estragon oder 1 TL getr.

    **6 Sek./Linkslauf/St. 5**
    untermengen und abschmecken.

In gefettete (Muffin-)Förmchen füllen. **Eingeölte, dickere Zwiebelscheiben** darauf verteilen. Alternativ den Grünkernteig zu einem Braten formen, in eine gefettete Auflaufform setzen.
Im vorgeheizten Backofen bei **180°** Ober-/Unterhitze **35- 45 Min.** , je nach Form, backen. Stäbchenprobe.
Vor dem Servieren ca. **15 Min.** im geschlossenen Ofen ruhen lassen.

Auch in Scheiben angebraten sehr schmatzig … ☺
TIPP: 1 ½-fache Menge ergibt 4 ½ Liter Sturzgläser - 1 Stunde bei 100° einwecken! Klappt super und ihr habt immer mal schnell einen "Braten" zur Hand.

*Danke an Geli für dieses Rezept.*

Linsen-Bratenmedaillons S.140

Grünkern-Bratenmedaillons S.141

Lebkuchen-Tiramisu S.144

## Desserts

Schlesische Mohnklöße – Schichtdessert S.145

# Lebkuchen-Tiramisu

⏱ 45 Min.   ⏱ 5 Std.

**Creme:**
300 g kalte pflanzl. Schlagcreme
2 Päckle Sahnesteif
1 ½ EL Vanillezucker

im Mixtopf mit dem **Rühraufsatz St. 4 ohne Messbecher** steif schlagen. Gareinsatz als Spritzschutz auf den Deckel stellen. Umfüllen.

150 g Cashews Natur
120 g Wasser
1 ½ EL Apfelessig
¼ TL Salz
1 ½ TL Hefeflocken

in den Mixtopf geben und **1,5 Min./St. 10** cremig mixen. Die Creme von Rand und Deckel nach unten schaben. Die

**Schlagcreme**

dazugeben und **30 Sek./St. 7** verrühren. Umfüllen und kalt stellen.

500 g Soja- oder Mandeldrink
50 g Maisstärke
½ Vanilleschote aufgeschlitzt
130 g Rohrohrzucker

im Mixtopf **8 Min./100°/St. 2** kochen. Es sollte dicker, süßer Pudding sein. Vanilleschote entfernen. Pudding abkühlen lassen.

Mit einem Schneebesen den abgekühlten Pudding mit der Cashew-Sahnecreme verrühren und einen
**guten Schuss Amaretto** einrühren.

**ca. 500 g Lebkuchen, zerbröselt oder im TM zerkleinert**
**ca. 350 g Sauerkirschen (tiefgekühlt und aufgetaut oder im Glas), abgetropft**
**ca. 80 g geraspelte vegane zartbittere Schokolade** bereitstellen.

In Schälchen oder einer anderen Form eine Lage zerbröselte Lebkuchen streuen, Sauerkirschen darüber geben, die Creme darauf verteilen und mit Schokolade bestreuen. Vorgang wiederholen.
Das Lebkuchen-Tiramisu **3-4 Std.** kalt stellen. Nach Wahl garnieren.

Sollten eure Lebkuchen schon etwas ausgetrocknet sein, könnt ihr dieses Lebkuchen-Tiramisu auch einen Tag vorher zubereiten.

# Schlesische Mohnklöße – Schichtdessert

**100 g Mandeln**
im Mixtopf **8 Sek./St. 8** mahlen. Umfüllen.

**250 g Mohn**
**100 g Vollrohrzucker**
im Mixtopf **30 Sek./St. 9** mahlen, ebenfalls in eine Schüssel füllen.

**250 g Mandeldrink** dazugeben, umrühren - ziehen lassen.

**250 g Weißbrot (am besten vom Vortag) in Stücken**
in den Mixtopf geben **5 Sek./St. 6** zerkleinern, in eine dritte Schüssel umfüllen.

**300 g Mandeldrink**
im Mixtopf **4,5 Min./90°/St. 2** erhitzen.

Über das Weißbrot geben und mit einem Kochlöffel vermengen (sollte wie ein dicker Brei aussehen, mit sichtbaren Brotstücken drin). Je nach Beschaffenheit eventuell Mandeldrink nachfüllen.

**Gequollenen Mohn**
**gemahlene Mandeln**
**260 g Mandeldrink**
**20 g braunen Rum**
**60 g Rosinen**
in den Mixtopf füllen und **7 Min./90°/Linkslauf/St. 3** kochen.

Beginnen mit der Brotmischung, dann eine Schicht Mohnmischung, dann wieder Brotmischung - abschließen mit der Mohnmischung in einer Auflaufform schichten. **Ca. 12 Std.** im Kühlschrank kühlen. Zum Servieren in Stücke schneiden.

Als Topping empfiehlt sich unser Bratapfel-StreuMix* oder unser Feenzauberstreu (Rezept im Blog).

Das ist ein klassisches schlesisches Heiligabend-Dessert. Traditionell wird es nach dem Besuch des Gottesdienstes in der Heiligen Nacht serviert.
Da meine Mama aus Schlesien stammt, gibt es das in unserer Familie jedes Jahr an Heiligabend. Diese Tradition, veganisiert, führe ich als Mohn-Liebhaberin natürlich seeeehr gerne fort … Heidi

# Lebkuchen-Chia-Mousse

⏱ 20 Min.   ⏱ 24 Std.

| | |
|---|---|
| 60 g Chiasamen | im Mixtopf **20 Sek./St. 10** mahlen und umfüllen. |
| 200 g kalte pflanzl. Schlagcreme | mit dem **Rühraufsatz St. 4 ohne Messbecher** steif schlagen. Gareinsatz als Spritzschutz auf den Deckel stellen. Umfüllen. |
| 100 g vegane Nougat-Schokolade oder unser Nougat* in Stücken<br>50 g Vollrohrzucker<br>gem. Chiasamen | **15 Sek./St. 10** zerkleinern. |
| 400 g Kokosmilch (Dose)<br>30 g Kokosöl<br>ca. 70 g Dattel- oder Kokosblütensirup<br>20 g Kakao<br>½ TL Zimt<br>¾ TL Weihnachtsgewürz*<br>1 TL ger. Bio-Orangenschale<br>1 Prise Salz | dazugeben und **30 Sek./St. 6** mixen. |

Die Schlagcreme mit dem Spatel einrühren, abschmecken und evtl. nachsüßen.

Die Creme in eine Schüssel mit Deckel füllen und im Kühlschrank **24 Std.** quellen lassen.

Sehr lecker als Kombi mit unserer Weihnachtsgrütze*, frischen Granatapfelkernen oder Orangenfilets.

⏱ 25 Min.   ⏱ 1 Std.

# Weihnachtsgrütze

250 g Äpfel in Stücken
250 g Orangen ohne weiße Haut in Stücken
250 g Apfel- oder Orangensaft
50 g veganen Weißwein
40 g braunen Zucker
1 EL frischen Zitronensaft
¼ TL Zimt

im Mixtopf **8 Sek./St. 5** zerkleinern.

40 g Perl-Tapiokastärke (Sago)

zugeben und **14 Min./100°/Linkslauf/St. 1** kochen.

**3-4 getr. Feigen in Würfelchen** einrühren.

In eine Schüssel füllen und abkühlen lassen.
Mit Schlagcreme, Vanillesoße, Eis oder unserem Lebkuchen-Chia-Mousse* servieren.

Original Grütze wird mit dieser Perl-Tapiokastärke gemacht. Ihr könnt natürlich auch Speisestärke (hier reichen 30 g) verwenden.

⏱ 7 Min

# Bratapfel-Eis

50 g braunen Zucker
1 TL Bratapfelgewürz*
1 TL Zimt

im Mixtopf **10 Sek./St. 10** pulverisieren.

400 g gefrorene Apfelstückchen mit Schale

einwiegen und **8 Sek./St. 8** zerkleinern.
Mit dem Spatel nach unten schieben.

60 g Marzipan
60 g frischen Orangensaft
1 EL Bratapfel-StreuMix* oder gehackte Nüsse
20 g Rosinen

zugeben und **25 Sek./St. 4,5** rühren.

In Schälchen füllen, mit Bratapfel-StreuMix* dekorieren und sofort genießen.

www.tierfreischnauze.de

# Cantuccini-Pfirsich-Dessert

⏱ 20 Min.   ⏱ 12 Std.

**Vorarbeit:**
Boden einer Auflaufform mit unseren **Cantuccini*** auslegen. Den Saft eines **Glases oder einer Dose Pfirsiche** auffangen und mit **5 EL Amaretto** vermischen. Das Amaretto-Saftgemisch über die Cantuccini träufeln.

**400 g Pfirsiche (Dose/Glas)** klein schneiden und auf den Cantuccini verteilen.

**Creme:**
**200 g kalte, gesüßte pflanzl. Schlagcreme (z. B. LeHa)**
**1 Päckle Sahnesteif**      im Mixtopf mit
                             **Rühraufsatz St. 4 ohne Messbecher**
                             steif schlagen. Gareinsatz als Spritzschutz auf den Deckel stellen.
**400 g vegane Quarkalternative (Soja- oder Mandelquark …)**
**2 EL Amaretto**
**2 EL Tonkazucker* oder Vanillezucker**
**3 bis 4 EL Kokosblütenzucker**
**½ TL Zimt**                dazugeben und
                             **30 Sek./St. 4** unterrühren.
                             Die Süße anpassen.

Die Creme auf die mit Pfirsich belegten Cantuccini streichen.
**Kokos-Chips** (sehr lecker hierfür die gerösteten von Tropicai) oder zerbröselte Cantuccini darüber streuen und im Kühlschrank gut durchziehen lassen.
Vor dem Servieren mit **Zimt** oder unserem **Bratapfel-StreuMix*** bestreuen.

Tipp:
Je nach Größe der Auflaufform variiert die Menge der Cantuccini. Alternativ könnt ihr natürlich auch vegane gekaufte Cantuccini verwenden.
Wer keinen Alkohol mag, nimmt entweder alkoholfreien Amaretto oder Saft (Orange, Pfirsich o. Ä.).
Schmeckt sensationell auch mit Sauerkirschen oder im Sommer z. B. mit Erdbeeren.
Klappt natürlich auch mit unserer Schlagcreme von unserem Blog.
Wer ungesüßte Schlagcreme verwendet, muss entsprechend mehr süßen.

Wir lieben den Kokosblütenzucker und die Coconut-Chips "Sweet Blossom" von Tropicai.
Alternativ könnt ihr jede andere Süßungsart verwenden.
Mandelblättchen eignen sich sehr gut als Alternative für die Kokos-Chips.
Natürlich könnt ihr diesen leckeren Nachtisch auch gleich in Dessertschüsselchen anrichten.

# Bratapfel mit Marzipansoße

⏱ 1 Std.

**Marzipansoße:**
250 g Mandeldrink
50 g frischen Orangensaft
50 g Marzipan*
1 TL Tonkazucker* oder Vanillezucker
1 TL Speisestärke

im Mixtopf mit **Rühraufsatz/6 Min./100°/St. 3** erhitzen. Evtl. nachsüßen und umfüllen.

**Bratapfelfüllung:**
50 g Trockenfrüchte-Mix, größere Früchte grob geschnitten
25 g Nüsse/Mandeln nach Wahl, gerne gemischt
70 g Marzipan
1 EL frischen Orangensaft oder Orangenlikör
1 TL Weihnachtsgewürz*

in den Mixtopf füllen und **7 Sek./St. 5** zerkleinern.

**Von 4-5 großen Äpfeln (Cox Orange, Boskoop...)** den "Deckel" abschneiden, aufbewahren. Das Kerngehäuse ausstechen und mit einem Messer etwas erweitern. Die Füllung in den Apfel füllen. Den Apfel-Rand und die Unterseite des Deckels mit **Zitronensaft** einreiben. Den gefüllten Apfel mit **Bratapfelgewürz*** bestreuen und mit veganen Margarine-Flöckchen bestücken.

Anschließend den Apfel-Deckel aufsetzen und die Äpfel in den Varoma stellen.

**1000 g Wasser**

in den Mixtopf füllen, Varoma aufsetzen und **15-20 Min./Varoma/St. 2** bissfest garen.

Zusammen mit der Marzipansoße anrichten.

Natürlich könnt ihr die Bratäpfel auch traditionell im Backofen backen. Geschmacklich machts kaum Unterschied. Hierfür füllt ihr dann aber etwas Apfelsaft (ca. 125 g) in die Form.

Weihnachtsgrütze S. 147

Lebkuchen-Chia-Mousse S. 146

Bratapfel-Eis S. 147

Cantuccini-Pfirsich-Dessert S. 148

Bratapfel mit Marzipansoße S. 149

30 Min.   2 ½ Std.

# Süße Quitten – Ayva Tatlısı

**1 l Wasser**
**Saft ½ Zitrone** vermischen.

**4 Shirin-Quitten** halbieren, schälen, Kerngehäuse entfernen
(7 Kerne aufbewahren!!). Die Hälften nach dem Saubermachen sofort in das Zitronenwasser legen, damit sie nicht braun werden.

Die Quitten mit der Öffnung nach oben in einen breiten Topf/hohe Pfanne legen.

Jede Quittenhälfte mit
**3 EL Rohrohrzucker** bestreuen.
**10 getr. Nelken** in die Zwischenräume geben.
**1 Zimtstange** zufügen und
**7 Quittenkerne (natürliches Geliermittel)** hineinstreuen.

**150 g Wasser** eingießen und mit geschlossenem Deckel aufkochen.
Bei kleinster Flamme **1 - 1 ½ Std.** mit geschlossenem Deckel weichkochen, bis die Quitten sich rot färben.

Die Quitten abkühlen lassen und mit pflanzlicher Schlagcreme und Walnüssen servieren.

Geschlossen könnt ihr sie im Kühlschrank einige Tage aufheben.

Und euer TM hat bei diesem Rezept frei ☺.

Die leckeren Shirin-Quitten bekommt ihr z. B. im türkschen Supermarkt.

# Asure / Noahs Festmahl

1 Std.  8 Std.

… man sagt, nachdem die große Sintflut vorbei war und Noah wieder festen Boden betreten hatte, wurde alles was noch auf der Arche in der Küche zu finden war, zu einer Süßspeise verkocht und mit den Überlebenden als Festmahl verspeist…
Das liest sich erstmal etwas seltsam … Bohnen, Kichererbsen in einer Süßspeise?? … Unvorstellbar … aber versucht es einfach mal, schmeckt wirklich unvorstellbar lecker …
Es lässt sich etwa mit Frucht-Milchreis vergleichen…

**1 Tag vorher:**
**250 g geschälte Weizenkörner** in reichlich Wasser einweichen (schnelle Variante siehe Tipp)

**Am nächsten Tag:**
Die gequollenen Weizenkörner absieben und abwaschen. In einem großen Topf mit
**1,75 L Wasser ca. 15 Min.** weichkochen.

**250 g gekochte weiße Bohnen** (aus Glas/Dose, gut abgewaschen)
**250 g Kichererbsen** (aus Glas/Dose, gut abgewaschen)
**100 g gewaschenen Rundkornreis (roh)**
**5 getr. Feigen, klein gewürfelt**
**8 getr. Aprikosen, klein gewürfelt**
**75 g Rosinen**
**30 g Korinthen**
**1 Zimtstange**
**3 getr. Nelken**

dazugeben und **15 Min.** weiterköcheln.

**250 g Rohrohrzucker**
**Saft einer großen Orange**
**1 TL ger. Orangenschale**
**75 g ganze Haselnüsse**

zufügen und weitere **15 Min.** fertigköcheln. Wenn es zu dick wird: Wasser nachfüllen.

1 Granatapfel, entkernt
100 g gemahlene oder gehackte Walnüsse
30 g gemahlene Pistazien (optional, sieht halt schön aus …)
etwas Zimt

bereitstellen.

Die Flüssigkeit der fertigen Aşure sollte nicht so fest wie Pudding sein, auch nicht dünn wie eine Suppe, sondern sämig - etwa wie Vanillesoße. Es schmeckt aber natürlich auch wenn es fester ist. Aşure quillt auch auf jeden Fall nach, deshalb ist es eh schwierig die richtige Flüssigkeitsmenge anzugeben. Wenn es zu pampig wird, einfach etwas Wasser unterrühren.

Zum Anrichten die Aşure in Schälchen füllen und mit Granatapfelkernen, gemahlenen Nüssen und etwas Zimt bestreuen.

Am besten schmeckt uns Aşure noch warm … ihr könnt es als süßes Hauptgericht essen, als Nachtisch oder als Zwischenmahlzeit.

Wenn es schnell gehen muss und ihr spontan Lust auf Aşure habt, dann klappt auch Couscous, grober Bulgur oder Ebly … Einfach dann roh zum Reis, Trockenfrüchte etc. dazugeben und die Wassermenge auf ca. 2 Liter erhöhen.

Im Kühlschrank aufbewahrt hält sich Aşure 3-4 Tage. Oder ihr verteilt es einfach, wie traditionell in der Türkei, an Nachbarn und Freunde …
Wie ihr ruck-zuck einen Granatapfel entkernt, seht ihr in unserem Video auf YouTube.
Und euer TM hat bei diesem Rezept frei. ☺

30 Min.   3 Std.

# Süßer Kürbis – Kabak Tatlısı

**1 ½ kg Kürbisfruchtfleisch in Stücken (ca. Daumengröße)**
in einen großen Topf schichten und

**1 ½ Wassergläser (Füllmenge 200 ml) Rohrohrzucker**
darüber streuen.
Das ist so eine Richtlinie, wenn ihr 2 kg Kürbis habt, dann nehmt 2 Gläser Zucker.

**½ Vanilleschote komplett aufgeschlitzt**
**3 getr. Nelken**
zufügen und vorsichtig durchmischen.

**2 Std. abgedeckt ruhen lassen.**

Der Kürbis hat jetzt gut Saft gezogen.

Nun köchelt ihr den Kürbis in diesem Saft, mit geschlossenem Deckel, bis er bissfest-weich ist. Das dauert je nach Größe der Stücke und je nach Kürbisart
**20-30 Min.**
Die Kürbisstücke mit einem Schaumlöffel herausholen und in eine Schüssel füllen. Den Sirup noch ein paar weitere Minuten dicklich einkochen und über die Kürbisstückchen gießen.

Abgekühlt mit einem Klecks pflanzliche Schlagcreme oder Tahin/Sesampaste
und mit Walnüssen servieren … Mmmmmhhhhhmmmmm …

Geschlossen könnt ihr den süßen Kürbis im Kühlschrank einige Tage aufheben.

Und euer TM hat bei diesem Rezept frei ☺ .

Süße Quitten – Ayva Tatlısı S.151

Asure / Noahs Festmahl S.152

Süßer Kürbis – Kabak Tatlısı S.154

Rote-Nasen-Punsch S.157

Heiße Kirschbowle S.160

# Getränke

Fruchtige Rotwein-Bowle S.160

⏱ 20 Min.

## Rote-Nasen-Punsch

1 Orange, geschält
2 Mandarinen, geschält

in den Mixtopf geben und **20 Sek./St. 10** pürieren.

250 g Apfelsaft
250 g Kirschsaft
500 g Wasser

dazufüllen und Gareinsatz einhängen.

3 Beutel Früchtetee
1 größere Zimtstange
3 getr. Nelken

in den Gareinsatz legen.
**ca. 10 Min./80°/St. 2** erhitzen.
(die Temperatur von 80° sollte erreicht sein, dann noch ca. 2 Min. weiterkochen)

Nach Geschmack süßen.

Auch mit Granatapfel-Orangensaft oder Traubensaft anstatt Kirsche sehr lecker...
Der Saftfantasie sind keine Grenzen gesetzt.

⏱ 15 Min

## Eyerpunsch

80 g Cashews Natur
130 g Wasser

im Mixtopf **1 Min./St. 10** mixen.

30 g Vanillezucker
1 Pr. Salz
½ TL Zimt
300 g Orangensaft
400 g veganen Weißwein
40 g braunen Rum oder Amaretto
2 TL Lupinenmehl

zugeben und kurz auf St. 10 hochdrehen, damit sich die Cashewmasse vom Deckel spült.
**6 Min./80°/St. 2** aufkochen.
**10 Sek./St. 6** durchmixen ... schlürf ...

Heiß oder kalt ... beides lecker ...

⏱ 20 Min.   ⏲ 10 Min.

# Orangen-Glühtee

500 g Wasser
2 Teebeutel Schwarztee (Schnur abschneiden)
1 Zimtstange
2 getr. Nelken
1 Kardamomkapsel

in den Mixtopf geben und
**10 Min./90°/Linkslauf/Sanftrührstufe**
erhitzen.

Teebeutel entfernen.

250 g frischen Orangensaft
300 g veganen Rotwein
70 g braunen Rum
100 g Orangenlikör
Zucker- je nach Geschmack

zufügen. **5 Min./90°/ St. 1** erhitzen und
**10 Min.** geschlossen ziehen lassen. Absieben.

Reste in eine Flasche füllen. Hält sich mehrere Monate.
Huijuijui… der zieht ganz schön nei … ☺

⏱ 15 Min   ⏲ 15 Min

# Heiße Granate

1000 g Granatapfeldirektsaft ersatzweise Holundersaft
250 g frisch gepressten Orangen- oder Mandarinensaft
200 g braunen Zucker
60 g starken, gekochten Kaffee (das i-Tüpfelchen!!)
3 getr. Nelken
3 Kardamomkapseln
1/2 Vanilleschote aufgeschlitzt

im Mixtopf **10 Min./100°/St. 1** kochen.

300 g braunen Rum (ca. 40-54 %)
50 g Amaretto

zufügen und **10 Sek./St. 3** einrühren.

**Ca. 15 Min.** ziehen lassen, dann durch ein Sieb in Flaschen füllen.

Dieser Granatapfellikör hält sich mehrere Monate.
Einfach bei Frostattacken etwas erhitzen und heiß trinken … Schmeckt aber auch kalt …

*Eyerpunsch S.157*

*Orangen-Glühtee S.158*

*Heiße Granate S.158*

## Heiße Kirschbowle

10 Min. | 4 Std.

1 Glas Sauerkirschen mit Saft
2 l veganen Weißwein
250 g Kandiszucker
100 ml braunen Rum - oder mehr
1 Prise Muskat
5 getr. Nelken
1 Zimtstange

in einen großen Topf geben und **ca. 4 Std.** heiß, aber nicht kochend, mit Deckel durchziehen lassen. Die Süße abschmecken.

Trotz Weißwein ist die Bowle dann kirschrot und sehr süffig ...

## Fruchtige Rotwein-Bowle

30 Min | 8 Std.

2 Orangen in Scheiben
1 Zitrone in Scheiben
1 Birne, gewürfelt
1 Apfel, gewürfelt
Kerne von 2 Granatäpfeln
100 g Sauerkirschen (gefroren oder im Glas, abgetropft)
in ein Bowle-Gefäß geben.

1 L veganen Rotwein
125 ml braunen Rum
125 ml Granatapfelsaft
1 kleine Zimtstange
braunen Zucker nach Geschmack (je nach Weinsorte)
zugeben und gekühlt **ca. 8 Std.** ziehen lassen.

250 ml kaltes, sprudeliges Mineralwasser
aufgießen.

Mit **Eiswürfel** servieren. Olé ...

5 Min.

# Cappuccinopulver "Sternenstaub"

100 g pflanzl. Milchpulver (Soja, Mandel …)
80 g Instant-Kaffeepulver
100 g weiße vegane Schokolade in Stücken
ca. 60 g Zucker - je nach Geschmack
1 TL Kakao
1 TL abgeriebene Schale einer Bio-Orange
2 Prisen Zimt oder Chili

im Mixtopf **30 Sek./St. 10** pulverisieren.

**Zubereitung:** Ca. 3 TL Pulver in 200 ml heißem Wasser auflösen.
Optional mit veganem Milchschaum verfeinern.

## Weihnachtswunder

Über dem Tal liegt Stille und der Schnee fällt in Fülle.
Überall brennen Lichter und Kerzen, ja so viel Friede ist in unseren Herzen.
Von weit her hört man Glockenklang und des Engels leisen Gesang.
Alle Menschen sind fröhlich gestimmt, da jetzt die Weihnachtszeit beginnt.

Die Kinder schmücken den Weihnachtsbaum, es ist einfach wie ein Traum.
Überall duftet es nach Lebkuchen und Mandelsplitter
und draußen pfeift der Wind gar bitter.
In der Küche backt die Mama Plätzchen,
für ihre schon sehnsüchtig wartenden Schätzchen.
Jeder wartet gespannt auf das Christkind
und fragt sich: Was es wohl dieses Jahr bringt?

Dann ist es endlich soweit, "Oh du fröhliche Weihnachtszeit"
klingt es aus jedem Haus, ja sogar aus dem Loch der kleinen Maus ....

Nun geht es ans Geschenke auspacken ran, für den Jungen - eine Eisenbahn
und für das Mädchen, es freut sich sehr, ein kuschelig weicher Teddybär.
Der Mutter hat es eine Kette gebracht,
der Vater über seine bunten Hausschuhe lacht.
Jeder ist fröhlich und heiter,
doch dann muss sich jeder von seinen neuen Sachen trennen - ja leider ...
Denn die Glocken läuten einen Klang, der aufruft zum Kirchengang.

Hand in Hand stapfen sie durch den Schnee,
plötzlich ruft das Mädchen: "Schaut ein Reh" ...
Doch das Reh war nicht allein,
rundherum hüpften fröhliche Häselein.
Sie sahen Tiere allerhand
und einmal so war es, als hätten sie ein Engelein erkannt …
Es saß hoch oben auf dem Baum, oder war das nur ein Traum?

Nein, in der Kirche sahen sie noch mehr Engelein sitzen,
mit Goldpuder auf ihren Nasenspitzen.
In himmlischem Engelsgesang,
stimmen sie den Chor der Menschen an.

Aus der Kirche, die rundum von Englein bewacht,
tönt es durch das schneebedeckte Tal:
**"Stille Nacht, heilige Nacht".**

Petra Canan 1992

# Danke ...

... an unsere Test-Köchinnen und Test-Bäckerinnen
Geli und Ferda

... an unseren Test-Leser Mirko

... an unseren Designer Yıldırım Cem Yapa

... an unsere Test-Esserinnen und Test-Esser -- Freundinnen und Freunde,
Familie und das Wichtigste:
unsere Männer!

... an Dich, weil Du dieses Buch gekauft hast!

# Fröhliche Weihnachten

## TierfreiSchnauze Kunterbunte Burger-Welt
Luca Canan, Petra Canan, Heidi Terpoorten

Vegan, gesund, kreativ, lecker...

Rezepte für den TM31 und TM5

## TierfreiSchnauze Backe backe Kuchen...
Petra Canan, Heidi Terpoorten

Ohne Eier, Milch und Schmalz, Backen mit viel Liebe und 'ner Prise Salz.

Rezepte für den TM31 und TM5

## TierfreiSchnauze Band 2
Petra Canan, Heidi Terpoorten

"Befriedigt die Gier - auch ohne Tier"

Rezepte für den TM31 und TM5

## TierfreiSchnauze Band 1
Petra Canan, Heidi Terpoorten

"Vegan ist in - vegan macht kreativ"

Rezepte für den TM31 und TM5